Magnus Magnusson
Werner Forman

Der Hammer des Nordens

Der Wiederhall alter Kulturen

Der Hammer des Nordens

Mythen, Sagas und Heldenlieder der Wikinger

Herder Freiburg · Basel · Wien

Vorsatzblatt: Sigurd der Drachentöter. Geschnitztes Rondell am Portal der Stabkirche in Hylstad, Norwegen
Seite 1: Hammer mit christlichem Symbol, Island, 10. Jh.
Titelbild: Vendel-Helm aus Schweden, 7. Jh.

INS DEUTSCHE ÜBERSETZT VON
URSULA STADLER

Die Originalausgabe erschien unter dem Titel
Hammer of the North
bei Orbis Publishing Limited, London

ISBN 3-451-17919-9

Autor und Verlag danken den folgenden Museen und Behörden für die Erlaubnis zur Aufnahme der gezeigten Fotos.

Århus Kunstmuseum, Dänemark: 114 oben.
Britisches Museum, London, England: 118 unten.
City of London Guildhall Museum, England: 40–41.
Manx Museum, Isle of Man: 51.
Nationalmuseet, Kopenhagen, Dänemark: 13, 30–31, 41, 42–43, 46, 52 unten, 56, 57, 63, 69, 76 unten, 102–103, 106–107.
Silkeborg Museum, Dänemark: 115.
Statens Historiska, Stockholm, Schweden: 6, 12, 16, 19, 20, 21, 22 links, 26 unten, 29, 33, 36, 38 links, 50, 54–55, 59, 60, 61, 62, 64, 65, 70, 71 rechts, 72–73, 74, 75, 76 oben, 78, 81 unten, 83, 84–85, 88 links, 89, 90, 93, 96, 97, 99 oben, 102, 108, 109, 112 oben, 113, 117, 118 oben, 125.
Stofnun Árna Magnússonar á Íslandi, Reykjavik, Island: 38 rechts, 39, 91.
Thjodminjasafin, Reykjavik, Island: 68, 71 links.
Universitetetsbiblioteket, Uppsala, Schweden: 47.
Universitetets I Bergen Historisk Museum, Norwegen: 26 oben, 101.
Universitetets Oldsaksamling, Oslo, Norwegen: 17, 27 unten, 120, 121, 122, 123.
Upplandsmuseet, Uppsala, Schweden: 22 rechts, 116.
Vikingskipene, Bygdoy, Norwegen: 24, 25, 32, 52 oben, 53, 79, 81 oben, 98–99, 112 unten.

Inhalt

Diese kunstvoll gerarbeitete vergoldete Silberbrosche aus Gotland entstand während der Völkerwanderungszeit. Sie vermittelt uns eine gute Vorstellung vom Reichtum im Skandinavien der Vor-Wikingerzeit.

Vorwort

Während vieler Jahrhunderte wurden die Wikinger dargestellt als eine Rasse von grausamen und blutrünstigen Meuchelmördern, deren einziges Ziel die Plünderung eines friedlichen christlichen Europas und deren einziges Vergnügen Plünderung, Vergewaltigung und Mord war. Von den Mönchen des Mittelalters wurden die Wikinger als heidnische Teufel und Verkörperungen des Antichrists geschildert, als Menschen ohne Religion und Moral, die so grausam und sorglos starben, wie sie gelebt hatten. So etwa sah das Bild der Wikinger aus – und so lebt es auch noch in einigen Büchern aus unserer Zeit weiter.

Die moderne Forschung hat jedoch schrittweise ein ganz anderes Bild von den Wikingern, oder genauer gesagt von den Skandinaviern des sogenannten Wikinger-Zeitalters, enthüllt und gezeigt, daß sie Händler und Entdecker, Siedler, Dichter und äußerst erfindungsreiche Künstler waren. Und auch die Mythologie der Wikinger – die religiöse Vorstellungswelt Skandinaviens von der Bronzezeit bis ins Mittelalter – wurde von der Ansicht, es seien bloße Sagen und Kindermärchen, befreit.

Als die Wikinger dank ihrer überlegenen seemännischen Technik voller Tatendrang von ihren Heimatgebieten aufbrachen und bis an die Grenzen der bekannten Welt vorstießen, da erschienen sie wie ein Blitz aus heiterem Himmel und wie ein Donner über die Meere. Sie waren der Hammer aus dem Norden, und der Hammer des Gottes Thor war wie ein Symbol ihrer Kraft, ihres Wagemuts und ihres Tatendrangs.

Ich habe in diesem Buch versucht, ein Bild zu zeichnen von dem, was die Wikinger und ihre Vorfahren glaubten, ein Bild von ihren Göttern, von den Formen ihres Gottesdienstes und von ihren ethischen Vorstellungen. Ich habe dabei die Schriftquellen der Isländer, der Nachkommen der Wikinger, herangezogen sowie die Entdeckungen der Archäologie und Erkenntnisse der Anthropologie. Da jedoch Zeugnisse aus der Wikingerzeit selbst fehlen, mußte ich natürlich ein persönliches Urteil abgeben über Natur und Herkunft der Wikinger-Religion und den Niederschlag, den sie in den späteren Sagen und Heldenliedern fand. Der unmittelbare Einblick, den man aus diesen Quellen bekommt, macht, davon bin ich überzeugt, immer deutlicher, daß die Wikinger nicht jenes geistlose und wilde Volk waren, als das sie so lange dargestellt wurden. Die Wikinger besaßen vielmehr sehr ausgeprägte und feinsinnige Vorstellungen über ihre Welt und über ein Jenseits und die Fähigkeit, diese Vorstellungen auch in einer bemerkenswerten Kunst auszudrücken.

Magnus Magnusson

Das Land von Thule

Skandinavien in der Zeit vor den Wikingern

Die ersten spärlichen Nachrichten über Skandinavien sind sehr verwirrend. Etwa um 330 v. Chr., als Alexander der Große seinen Zug zur Eroberung des Ostens begann, segelte ein griechischer Entdecker von Marseille aus nach Westen und Norden entlang den Küsten von Europa. Sein Name war Pytheas. Er war ein Mathematiker, Astronom und Navigator. Das Ziel seiner von Bürgern aus Marseille finanzierten Reise scheint die Entdeckung der Schiffahrtsrouten zu den Zinn- und Bernsteinmärkten Nordeuropas gewesen zu sein.

Nordlicht begleitet den Reisenden auf dem Weg nach Thule. Niemand kann genau sagen, was dieser Name bedeutet. Thule war immer ein Land am Rande der bekannten Welt im äußersten Norden.

Leider ist kein Wort seines Originalberichtes über diese bemerkenswerte Reise über den Ozean überliefert, aber es scheint, daß sein Bericht über die verhältnismäßig unbekannten Länder des Nordens eine Fülle von Beobachtungen und Nachrichten enthalten hat, die, wenn auch skeptisch, von späteren Schriftstellern weitergegeben wurden. Es ist deutlich erkennbar, daß Pytheas England besucht hat und die nördlichen Shetlands und die Orkney-Inseln. Er beschreibt auch die Bernsteininsel Abalus, das heutige Helgoland, dessen Bewohner den Bernstein an die Teutonen von Jütland verkauften. Pytheas scheint dann an der Westküste Norwegens weiter nach Norden gesegelt zu sein bis zu einem Land, das er Thule nannte und das 6 Segeltage nördlich von England lag. Es war dies ein regnerisches Land ohne viel Sonne.

Die Einwohner lebten vom Ackerbau, vor allem bauten sie Hirse an, die in gedeckten Scheunen gedroschen wurde, und sie streckten diese Grundnahrung mit Kräutern, Wurzeln und Beeren aus den Wäldern.

Niemand kann sicher sagen, wo das Thule des Pytheas gelegen hat. Aber es muß weit nördlich des nördlichen Polarkreises gelegen sein, weil das Tageslicht im Sommer 24 Stunden andauerte. Thule war das äußerste Ende der bewohnten Welt, denn hinter ihm lag ein Gebiet, das die Elemente im Urzustand zeigte. Da gab es schneebedeckte Vulkane, Eisberge schwammen in einer kochenden See, und dicht daneben war die See wie ein gallertartiger Sumpf, über den man weder gehen noch segeln konnte. Dieser Meersumpf bestand weder aus Wasser, Luft oder Eis. Der Entdekker nannte diese geheimnisvolle Substanz „die Lungen der See". Er berichtet, daß das Wasser einen Segeltag weiter nach Norden in festes Eis überging.

Es ist sehr schade, daß der Originalbericht von Pytheas' Expedition uns nur in sehr verstümmelter und verzerrter Form überliefert ist. Der Schriftsteller Strabo von Pontus, der drei Jahrhunderte später lebte, erwähnt zwar in seiner 17bändigen „Geographica" die Reise des Pytheas recht weitschweifig, aber es ist klar ersichtlich, daß Strabo kein Wort davon glaubte und Pytheas nur zitierte, um ihn verächtlich zu machen. Heute ist klar, daß Pytheas ein ebenso genauer Beobachter wie kühner Entdecker gewesen ist, denn die verwirrenden Beschreibungen des hohen Nordens, die ihm zugeschrieben werden, haben große Ähnlichkeit mit manchen der nördlichen geologischen und geographischen Erscheinungen, die uns noch heute geläufig sind. Als Beispiel seien nur die unterirdischen Vulkanausbrüche vor der Küste von Island erwähnt. So ist Pytheas heute, wo sich die Umrißlinien der Frühgeschichte Skandinaviens abzeichnen, deutlich gerechtfertigt.

Die ältesten Einwohner Skandinaviens, Tausende von Jahren vor der Zeit des Pytheas, waren Jägersammler. Es waren Nomaden, die in kleinen Stämmen oder Familienverbänden von der Jagd, vom Fischen, vom Vogelfang und vom Sammeln all dessen, was eßbar war, lebten. Kurz nach der letzten Eiszeit, vor etwa 12000 Jahren erschienen diese Nomaden in Skandinavien; da sie keine festen Siedlungen errichteten, sind archäologische Überreste selten und zufällig. Es sind Pfeilspitzen, Messer und Speere aus Feuerstein, knöcherne Werkzeuge und gelegentlich Skelette in schmalen Gräbern. Andererseits hinterließen diese Nomaden eindrucksvolle Beispiele ihrer Kunst, nämlich Felszeichnungen entlang den Küsten von Norwegen. Es sind Beispiele für die Kunst der arktischen Steinzeit. Einige dieser Felsritzzeichnungen sind naturalistisch. Sie zeichnen große Figuren von Elchen, Bären und Rentieren, andere zeigen stilisierte Vögel, Fische und Waffen. Es gibt auch Szenen mit tanzenden menschlichen Figuren. Da diese

deutlich sichtbar auf ihren Köpfen Hörnerschmuck tragen, handelt es sich bei diesen Darstellungen wohl um magische Bilder, die die Jagd beeinflussen sollten.

Etwa um 3000 v. Chr. dürfte in Skandinavien der Ackerbau eingeführt worden sein. Vielleicht wurde er von einem eingewanderten Volk mitgebracht; es ist aber auch möglich, daß sich der Ackerbau im Lande selbst entwickelte. Mit dem Aufkommen des Ackerbaues wurden die nomadisierenden Jägersammler schrittweise von jenen Menschen zurückgedrängt, die feste Siedlungen errichteten, das Land rodeten, Getreide anpflanzten und Haustiere züchteten. In dieser Zeit entwickelten sich auch gewisse soziale Schichtungen. Die reiche landwirtschaftliche Produktion führte zu einer Spezialisierung, es entstand die Schicht der Bauern und Arbeiter, und es entstand eine Oberschicht, die die Produktionsgüter verwaltete und verteilte. Jetzt konnten auch große Gemeinschaftsaufgaben in Angriff genommen werden, z. B. der Bau von Megalithgräbern, in denen ganze Familien oder Sippen zusammen beerdigt wurden, eine Generation nach der anderen. Neben Spezialisten wie Maurer und Baumeister, auf die die Gemeinschaft und ihre Führer jetzt zurückgreifen konnten, kann man für diese Zeit auch die Entwicklung von religiösen Formen annehmen, die von Priestern geleitet wurden, die entweder im Dienste der Häuptlinge standen oder sich selbst zu Priesterhäuptlingen aufschwangen. Über den Glauben und die religiösen Zeremonien dieser Zeit läßt sich noch nichts Genaues sagen. Vielleicht galten die großen Gräber als eine Art oder ein Teil der Welt des Jenseits, in dem, so glaubte man, die Toten ihr Leben weiterführten; und sicher vermittelte das Wissen um die Anwesenheit der Vorfahren in den Gräbern den Mitgliedern der Gemeinschaft ein Gefühl von Dauer und einen Blick in eine geistige Welt, in der die Vorfahren lebten. So kann man als sicher annehmen, daß die religiösen Riten im Zusammenhang mit diesen Großsteingräbern standen. Vermutlich vermischten sich die Begräbnisriten mit der Verehrung einer göttlichen Erdmutter oder anderen Verkörperungen der Fruchtbarkeit, in denen sich der Kreislauf von Leben und Tod und der Wechsel der Jahreszeiten widerspiegelte.

Das Bild, das sich vom Leben in Skandinavien während des dritten vorchristlichen Jahrtausends, also im Zeitalter der späten Jungsteinzeit abzeichnet, ist verhältnismäßig ruhig, doch schon im frühen zweiten Jahrtausend wird Skandinavien von Völkern aus dem Süden und Südwesten überflutet, die uns durch ihre Waf-

In den schwedischen Felszeichnungen der Bronzezeit spiegelt sich, wie die skandinavische Kunst immer mehr von Darstellungen der Männlichkeit, von Angriffen und einem neuen Glauben an Gottheiten geprägt wird.
Oben links: Krieger und ein Stier in einer geheimnisvollen Jagdszene, darunter eine Sonnenscheibe.
Oben rechts: Phallische Figuren, die einen zeremoniellen Axttanz aufführen, auf einem Schiff. Hochgezogener Schiffsbug und Schiffsheck weisen auf die Drachenschiffe des Wikinger-Zeitalters voraus. Diese Begegnung phallischer Gestalten, die Äxte schwingen, wird mit dem Himmelsgott in Verbindung gebracht. Die Sonnenscheibe bildet den Leib dieser Kriegsfiguren.

fen als die Streitaxtleute bekannt sind. Man nimmt an, daß es sich bei diesen Völkern um Indo-Europäer handelte, die mit ihren neuen Sitten und Glaubensvorstellungen das Leben in Skandinavien grundlegend änderten.

Mit den Streitaxtleuten beginnt die skandinavische Bronzezeit, die im allgemeinen zwischen 1500 v. Chr. und 500 n. Chr. datiert wird. Durch Handel und Reisen war Skandinavien jetzt für fremde Einflüsse geöffnet. Die von den Archäologen ausgegrabenen erstaunlichen Schätze lassen deutlich erkennen, daß es sich bei diesem Zeitalter um eine Epoche von Reichtum und wirtschaftlichem Wachstum handelt. Das gilt besonders für Dänemark, wo die Bernsteinförderung von Jütland den Import von Zinn, Kupfer und Gold ermöglichte.

Skandinavien wird zu dieser Zeit von Kriegern beherrscht, deren Leichen in Tausenden mächtiger Grabdenkmäler gefunden wurden, umgeben von ihren Waffen und ihrem Schmuck. Diese Begräbnisstätten waren außerdem ausgestattet mit sehr viel Lebensmitteln und Gebrauchsgegenständen wie Kleidern, Bechern und Stühlen, die zum Teil wunderbarerweise die Jahrhunderte überdauert haben. Der kämpferische Lebensstil dieser Zeit und der wachsende Reichtum spiegeln sich auch in einem völligen Wechsel des Stils der Felsritzzeichnungen. Während der Stil der eiszeitlichen Steinzeit naturalistische Bilder von jagdbaren Tieren zeigte, ist die Kunst der Bronzezeit gekennzeichnet durch die stilisierte Darstellung von Kriegern, die Äxte, Speere oder Schwerter schwingen, von tanzenden oder pflügenden Männern und von phallischen Darstellungen. Überall liegt der Akzent auf männlichen Tätigkeiten.

Zum ersten Mal können wir jetzt auch Darstellungen eines Glaubens an Götter nachweisen, Götter des Himmels, des Kriegs und der Fruchtbarkeit. Denn die mächtigen, bewaffneten Figuren mit übergroßem Phallus, neben denen die Krieger wie Zwerge erscheinen, können nur als Götter gedeutet werden. Es finden sich jetzt auch zahlreiche symbolische Darstellungen der Sonne, als Scheibe oder Rad, manchmal allein, manchmal auf einem Schiff oder von einem Wagen gezogen. Die Schiffe selbst sind bemerkenswert, sie lassen einen ersten Eindruck der technischen Revolution erkennen, die das Zeitalter der Wikinger möglich machte und den Ruf der Wikinger als kühne Seefahrer begründete. Hier erscheinen zum ersten Mal diese Schiffe mit dem hochgezogenen

Dieser bemalte Gedenkstein aus Martebo in Gotland stammt aus dem fünften Jahrhundert. Die spiraligen Wirbel, Symbole der Sonne, sind umgeben von kleinen Jagdszenen. Bildsteine als Totengedenksteine wurden zuerst in Gotland am Beginn des „Germanischen" Eisenzeitalters ausgeführt.

Bug und Heck und besetzt mit Ruderern. Doch diese Schiffsdarstellungen machen den Eindruck, als seien sie symbolisch gemeint, gerichtet für eine Reise ins Jenseits und nicht für eine tatsächliche Seefahrt.

Sonne, Äxte, Schiffe und phallische Darstellungen: das waren die führenden Themen der skandinavischen Kunst und Religion im Bronzezeitalter. In diesen Darstellungen erfüllt sich die Tatkraft und künstlerische Fähigkeit der bronzezeitlichen Handwerker. Aus dieser Zeit stammen die archäologischen Funde jener gebogenen Trompeten oder Luren, von Helmen besetzt mit Bronzehörnern und kleinen Bronzefiguren, von Menschen mit gehörnten Helmen, die Äxte tragen, die freilich vielfach verloren sind. Diese Hörnerhelme waren sehr wahrscheinlich der rituelle Kopfschmuck von Priestern oder Priestergöttern. Sie wurden beim Kriegskult gebraucht und bei Fruchtbarkeitsriten, bei denen vielleicht die Männlichkeit und der Mut des Bullen beschworen werden sollte. Von diesen Funden leitet sich wohl auch die Meinung ab, daß die Wikinger im Kampf Hörnerhelme getragen hätten. Ein Mißverständnis, das sich nur schwer ausrotten läßt, denn man kann sich kaum eine noch drückendere und auch gefährlichere Belastung für einen Krieger im Kampf vorstellen, als es ein Hörnerhelm war.

Obwohl die skandinavische Bronzezeit von der Zeit der Wikinger durch einige Jahrhunderte getrennt ist, können wir schon in der Bronzezeit einige jener Merkmale erkennen, mit denen die übrige Welt später die Wikinger charakterisierte, ihre Tatkraft als Krieger, ihren Kampfesmut und ihren Glauben an Kriegsgötter. Die Skandinavier der Bronzezeit gelten heute als Germanen, sie sind nachweisbar an germanischer Kultur und Religion beteiligt und an jenen Gottheiten, deren Nachkommen Odin, Thor und Freyja zu Herrschern der nordischen Götterwelt werden sollen.

Archäologische Funde machen deutlich, daß der bemerkenswerte Reichtum der Bronzezeit im ersten Jahrtausend v. Chr. mit Beginn der Eisenzeit deutlich abnimmt. Auch der Reichtum und die Qualität der Grabbeigaben nimmt ab. Das Klima hatte sich sehr verschlechtert, so daß die nördlichen Gebiete Skandinaviens unbewohnbar wurden und verarmten. Es war dieses Skandinavien, das Pytheas um 330 v. Chr. besuchte, und sein Bild wird von den archäologischen Funden heute bestätigt. Das Eisenzeitalter, das um 500 v. Chr. beginnt, war im Vergleich mit dem Bronzezeitalter für Skandinavien eine Periode des traurigen Niedergangs.

Die Historiker teilen das skandinavische Eisenzeitalter gerne in drei verschiedene Phasen ein: 1. das „Keltische" Eisenzeitalter (etwa von 500 v. Chr. bis zu Christi Geburt), 2. das „Römische" Eisenzeitalter (von Christi Geburt bis 400 n. Chr.), 3. das „Germanische" Eisenzeitalter (von 400 n. Chr. bis zum Beginn der Wikingerzeit, etwa um 800). Die erste Phase, von der Skandinavien ziemlich unberührt blieb, war die Periode, in der die keltischen Stämme von Mitteleuropa sich auszudehnen begannen. Von ihren Siedlungsgebieten am Oberlauf des Rheins und Unterlauf der Donau begannen sie Westeuropa bis zur atlantischen Küste zu überrennen, sie setzten über auf die Britischen Inseln, zogen nach Süden, nach Spanien, Italien und Griechenland und bewegten sich nach Osten bis nach Skythien und Kleinasien. Unverbraucht und erwerbstüchtig waren die Kelten mit ihren Kampfwagen, ihren eisernen Waffen das kraftvollste Volk von Europa in dieser Zeit. Sie waren eine aristokratische Kriegergesellschaft, die keinen Widerstand duldeten. Sie stürzten Europa in ähnliche Verwirrung, wie es die Germanen während der Völkerwanderung tun sollten. Durch ihre Züge wurden die herkömmlichen Handelsrouten vom Norden zum Mittelmeergebiet durch Zentraleuropa unterbrochen. Und die See-Expedition des Pytheas war ohne Zweifel durch die Notwendigkeit veranlaßt worden, andere und sichere Handelswege zum Norden zu erschließen, mit denen man das keltische Gebiet umgehen und den keltischen Zwischenhandel, der jetzt die Handelswege kontrollierte, ausschalten konnte.

Doch die Wanderungen der Kelten führten niemals bis nach Skandinavien, und als dann die keltische Woge abnahm, da begannen die Stämme von Südskandinavien, getrieben von Armut und den harten Lebensbedingungen in ihrer Heimat, sich in Bewegung zu setzen. Strabo von Pontus nennt im ersten Jh. v. Chr. zwei Stämme: die Teutonen und die Zimbern von Jütland. Natürlich mußten sich jetzt die Kelten verteidigen: „Man sagt, daß die Belger die Tapfersten waren, und man sagt, sie allein hätten den Angriffen der Germanenstämme der Zimbern und Teutonen Widerstand geleistet."

Die „Römische" Eisenzeit brachte Skandinavien zum ersten Mal in Verbindung mit der genau datierten Geschichte. Im Jahr 5 n. Chr. stieß eine römische Flotte bis nach Jütland vor, doch die Römer machten niemals den Versuch, Skandinavien zu erobern. Vier Jahre nach dem Vorstoß der Flotte nach Jütland wurden die Römer entscheidend von den Teutonen geschlagen, und sie entschieden vermutlich, daß der Versuch, ihr Herrschaftsgebiet auf die skandinavische Halbinsel auszudehnen, militärisch nicht geraten war; zudem hatten die Römer alle Hände voll zu tun, um die germanischen Stämme an Rhein und Donau in Schach zu halten. Den ersten Zügen und Wanderungen der Teutonen und Zimbern folgten bald die Wanderungen der Langobarden, der Burgunder und der Goten. Skandinavien wurde zu dieser Zeit nach einem Wort des gotischen Geschichtsschreibers Jordanes „die Fabrik für Völker und die Prägestätte für Nationen".

Während dieser Zeit kannten die Skandinavier selbst noch keine schriftlichen Aufzeichnungen, obwohl sie ein Alphabet besaßen, Runen genannt, das sie für Inschriften auf Waffen und Gedenksteinen benutzten. Doch die klassischen Schriftsteller, wie Plinius d. Ä., Tacitus und Ptolemäus, haben uns Andeutungen über die Geographie und die soziale Lage in Skandinavien zu dieser Zeit hinterlassen. Von ihnen werden auch zum ersten Mal einige jener Stämme genannt, die die Vorfahren der Wikinger waren. Zu diesen zählen z. B. die Suionen, die man als die mächtigen Bewohner des Upplands in Ostschweden nachweisen konnte, die Goten, die in Südschweden lebten und die Gauten, an die auch das angelsächsische Heldenlied des Beowulf erinnert.

Tacitus berichtet, daß gegen Ende des ersten Jh. v. Chr. die Suionen das beherrschende Volk Skandinaviens waren. Tacitus beschreibt sie als einen Stamm wilder Krieger, für die „Reichtum in hohem Ansehen steht, und zwar weil sie einen aus ihrer Mitte als Führer anerkennen, und zwar ohne Einschränkung seiner Autorität und dem bloß gelegentlichen Anspruch auf ihren Gehorsam". Die Suionen unterhielten auch mächtige Flotten, die die

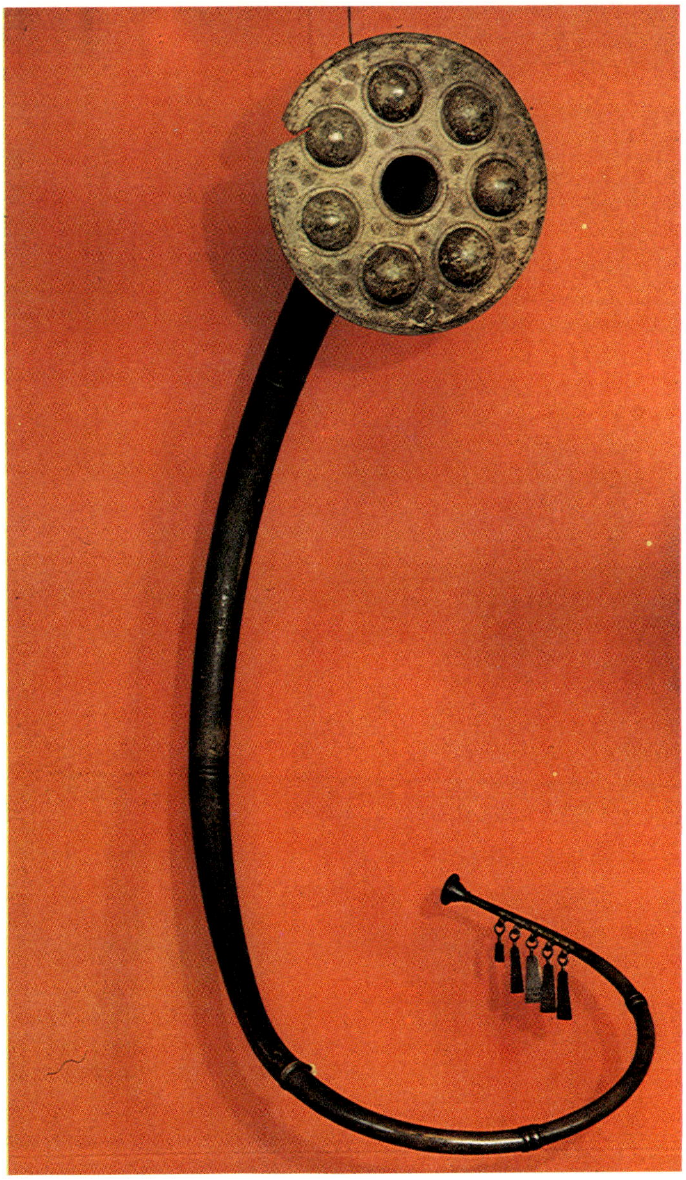

Oben rechts: Diese Gottheit mit Hörnerhelm aus der späten Bronzezeit wurde in Seeland gefunden. Ursprünglich trug die Gestalt in der ausgestreckten rechten Hand eine Axt. Sie war, wie die Spange am Knie erkennen läßt, mit einer spiegelbildlichen Figur verbunden.
Rechts: Lure aus der späten Bronzezeit, in Dänemark gefunden. Viele dieser Luren wurden in Torfmooren gefunden, oft als Paare, und manche von ihnen sind so gut erhalten, daß man auf ihnen noch spielen kann. Man kennt jedoch weder die Art von Musik, die auf ihnen gespielt wurde, noch den Grund, warum sie in Mooren versenkt wurden.

Ostsee beherrschten. Und wieder einmal taucht das Schiff als Thema im Begräbniskult auf, für den der Wechsel von der Bronzezeit zur Eisenzeit auch ein Wechsel in den Begräbnisriten war. An die Stelle der großen Grabhügel traten jetzt Begräbnisstätten in Schiffsform, die durch Steine markiert wurden, wobei Bug und Heck durch größere Steine gekennzeichnet waren. Dieser Begräbnisbrauch, der eine symbolische Schiffsreise ins Jenseits verkörperte, war der Vorläufer der tatsächlichen Schiffsgräber der Wikingerzeit.

Während der „Römischen" Eisenzeit wurden die Grabbeigaben wieder reichhaltiger und dokumentierten so eine Zeit wachsenden Wohlstandes in Skandinavien. Handelswege führten jetzt, nachdem die Kelten von den Römern unterworfen waren, elbeabwärts nach Jütland und erreichten auch die Ostsee. Die Skandinavier entwickelten ein wachsendes Interesse an Gütern aus dem Süden, die sie entweder durch Handelsbeziehungen erwarben oder im Kampf raubten. Es waren vor allem Seide, Gewürze, Wein, Waffen, Broschen, bronzene und silberne Gerätschaften, Glasbecher und feine Tonwaren. Skandinavische Exportgüter waren Pelzwaren, Häute, Walroßzähne, Getreide und Sklaven. Reiche Skandinavier, Männer sowohl wie Frauen, wurden in ihren Gräbern beigesetzt, umgeben von ausgewählten persönlichen Besitztümern, die oft aus den fernsten Gebieten des Römischen Reiches stammten. Große Mengen römischer Münzen, die in Dänemark und Schweden gefunden wurden, beweisen die Ausdehnung des Handels und die Bedeutung des Edelmetalls. Auch römische Worte wurden in die skandinavischen Sprachen übernommen, so war das Wort „Öre", das vom lateinischen „Aureus" stammt, zunächst die Bezeichnung für ein bestimmtes Gewicht, und es lebt heute noch als skandinavische Münzbezeichnung weiter.

Die skandinavische Wirtschaft beruhte vor allem auf der Landwirtschaft, die freilich durch das ungünstige Klima sehr erschwert war. Ein skandinavischer Bauernhof war kein Platz ländlicher Ruhe. Höfe und Dörfer scheinen ständig durch Züge von Viehräubern und Sklavenhändlern gefährdet gewesen zu sein, deshalb lebten auch auf jedem Hof eine Anzahl von Kriegern, die mit langen Schwertern, Speeren, runden Holzschilden, Pfeilen und Bogen bewaffnet waren. Nur wer sich wehren konnte, konnte auch überleben.

Wenn auch die Zeiten während der „Römischen" Eisenzeit in Skandinavien unruhig waren, so sind sie doch nicht vergleichbar mit der Unruhe, die durch die große Völkerwanderung ausgelöst wurden, als das römische Weltreich zusammenbrach und Scharen von Germanenstämmen durch Europa zogen. In einem Chaos von Blut und Zerstörung erkämpften sich die West- und Ostgoten ihren Weg nach Italien und Spanien. Die Franken und Burgunder besetzten Gallien, die Vandalen gingen über Andalusien nach Nordafrika, die Angeln, Sachsen und Jüten verließen Dänemark, um nach England einzudringen und es zu besetzen. Von dieser Periode des Umbruchs berichten auch die ältesten Heldenlieder der nordischen Literatur, die sich in ihrem Kern auf historische Personen beziehen, z.B. den Goten Ermanerich, den Hunnen Attila, den Burgunder Gunther und den Gauten Hygelac, dessen gefährliche Fahrt zu den Friesen im Jahr 521 im „Beowulf" berichtet wird. In Skandinavien selbst scheint es dauernd innere Kämpfe gegeben zu haben. Die Jahrhunderte der Vernichtungskämpfe zwischen Stämmen und ihren Führern spiegeln sich grausam in den legendären Berichten aus dieser Zeit. Im Nebel dieser halb mythischen, halb historischen Erzählungen beginnen wir die Figuren von göttlichen Königen zu erkennen, Halbgötter, die als Gründer der nordischen Königshäuser erscheinen. So wird etwa

Oben: Die Begräbnisbräuche der Wikinger führten zu Begräbnisstätten, die die aufschlußreichsten Quellen für die Archäologie sind. Die obige Karte zeigt einige der hauptsächlichen Begräbnisorte, an denen Funde aus der Vor-Wikinger- und Wikingerzeit gemacht wurden.
Rechts: Steinernes Schiffsgrab in Blomsholm, bei Strömstad in Bohuslän. Die Grenze des Grabes in Schiffsform wird durch aufrechtstehende Steine gebildet, mit größeren Steinen am Ende, die Bug und Heck des Schiffes symbolisieren. Manchmal wurden verschiedene Gräber oder Verbrennungsplätze in einem Schiff gefunden. Für die Skandinavier war der Tod eine Reise in eine andere Welt.

Odin dargestellt als ein Kriegsfürst, der sich von Kleinasien nach Jütland durchkämpfte, wo er seinen Sohn Skjöld als Führer einsetzte, der zum Vorfahren des dänischen Königsgeschlechts der Scylding wurde, und die Herkunft des Königsgeschlechts der Yngling in Schweden und Norwegen wird abgeleitet von einem göttlichen Stammesführer Yngvi-Frey.

Die Archäologie hilft uns bei der Klärung der Geschichte der skandinavischen Könige nicht weiter, aber sie bestätigt das Bild eines dauernden Kriegszustandes. Es war eine Zeit, in der Befestigungen gebaut wurden, um die Menschen zu schützen, deren Höfe verwüstet waren, und die Menschen, die Reichtümer besaßen, taten gut daran, diese zu vergraben. Ein sicheres Zeichen für sehr unruhige Zeiten.

Diese vergrabenen Schätze waren bei ihrer Entdeckung für die Archäologen von großer Bedeutung, denn sie zeigten, daß es in Skandinavien trotz der unruhigen Zeiten durchaus Reichtum gab. Das reichste Land war Schweden, wo, wie Tacitus berichtet hat, die Svear als beherrschender Stamm im Seengebiet rund um das heutige Stockholm in Ostschweden lebten. In dieser Zeit, etwa im 5. Jh., als die „Römische" Eisenzeit von der „Germanischen" Eisenzeit abgelöst wurde, wurde auf der Insel Helgö im Mälarsee bei Stockholm die erste Handels- und Marktstadt Skandinaviens gegründet.

Helgö war der erste bekannte Handelsplatz in Skandinavien von wirklicher Bedeutung. Obwohl die archäologischen Ausgrabungen noch nicht beendet sind, ist schon heute deutlich sichtbar, wie weit die Handelsverbindungen ausgedehnt waren. Es wurden sowohl Güter aus Westeuropa und dem Mittelmeergebiet eingeführt als auch aus den baltischen Ländern. Der erstaunlichste Fund, der in Helgö gemacht wurde, ist eine Bronzefigur eines Buddha aus dem 5. oder 6. Jh., der wohl aus Indien stammt.

Europa wurde zu dieser Zeit förmlich nach Schätzen durchwühlt, und viele von diesen fanden ihren Weg nach Skandinavien, wo sie für die einheimischen Künstler als Anregung dienten. Die Jahrhunderte der Germanischen Eisenzeit zwischen 400 und 800 waren auch eine Zeit des Goldes. Das galt nicht zuletzt für Schwe-

Die Zeit des größten Reichtums in Skandinavien zwischen 400 und 800 wird oft als Zeitalter des Goldes bezeichnet.
Oben links: Reich dekoriertes Zaumzeug aus vergoldeter Bronze aus Gotland, entstanden im 8. Jh. Es gehört zu einer Reihe von Zaumbeschlägen des gleichen Künstlers, der stets gewundene Tiermotive benutzte. Hier ist die ganze Komposition von einem langen S-förmig gewundenen Tier gebildet, dessen schmales Genick in einem kleinen Kopf mit einem großen einzelnen Auge endet. Die ganze Zeichnung ist unruhig und dynamisch und vermittelt einen Eindruck der Energie der frühen Wikingerkunst.
Oben: Versilberte Eisenbrosche mit Emaileinlagen und aufgesetzten kostbaren Steinen aus Aker in Ostnorwegen, entstanden im frühen Vendelstil (siebtes Jahrhundert). Am oberen Ende der Brosche blicken sich zwei Vögel mit großen glaseingelegten Augen an, vielleicht sind es Adler oder Aasvögel. In der Mitte der Platte ist ein großes männliches Gesicht mit hängendem Schnurrbart und starrenden Augen. Darunter befinden sich zwei auf dem Kopf stehende Tierköpfe.

den, wo diese Bezeichnung durch den erstaunlichen Reichtum der schwedischen Fürstengräber aus dieser Zeit bestätigt wird. Es wurde jetzt üblich, Häuptlinge in großen Hügelgräbern beizusetzen, wobei sie oft in einem wirklichen Schiff lagen, das mit kostbar verzierten Waffen und Rüstungen beladen war und wo dem Toten kostbare persönliche Wertgegenstände aus Gold, Bronze, Silber und Glas beigegeben wurden.

Ein Reichtum von solchen Ausmaßen kann nicht einfach auf die Rechnung von erfolgreichen Raubzügen gesetzt werden. Der Grund liegt vielmehr in einer Ausweitung der skandinavischen Wirtschaft. Es gibt sichere Anzeichen, daß in dieser Zeit sowohl in Norwegen wie in Schweden eine Rückwanderung in jene nördlichen Gebiete einsetzte, aus denen das strenge Klima des vergangenen Jahrtausends die Bauern vertrieben hatte. Jetzt ging man daran, die Lappen, Nachkommen der alten Jägersammler, zurückzudrängen, um die Schätze an Eisen, Zinn, Pelzwaren und Walroßzahn aus den großen unbewohnten Gebieten Nordskandinaviens ausbeuten zu können. Skandinavien begann sich seiner Stärke bewußt zu werden. Während das übrige Europa unter den Folgen von Invasionen und Zerstörungen litt, waren die Skandinavier frei von der Furcht vor Angriffen von draußen und konnten alle ihre Energien darauf richten, ihre eigenen Königreiche zu festigen und sich zu kraftvollen Völkern zu entwickeln.

Diese Stärke und dieses Selbstbewußtsein wird jetzt auch in der skandinavischen Kunst zum Teil sichtbar. Es bestand lange Zeit die Meinung, daß die Skandinavier nur Räuber gewesen seien, die die Kulturen jener Länder, die sie eroberten, lediglich ausbeuteten, ohne selbst schöpferisch deutlich tätig zu werden. Aber diese Meinung stimmt nicht. Die skandinavische Kunst während des Goldzeitalters war der direkte Vorläufer der Kunst der Wikingerzeit, und ihr Hauptmotiv, die Tierornamentik, befruchtete und regte andere europäische Kunststile an. Dargestellt waren stark abstrakt gekrümmte Tiere, zupackende Raubtiere in seltsamen Windungen, teilweise brutal, teilweise seltsam lächelnd, deren gemeinsames Kennzeichen der Eindruck von Kraft und Erfindungsreichtum ist.

Ein anderes wichtiges Merkmal der Entwicklung des Lebens in Skandinavien in der Zeit vor den Wikingern, ein Merkmal, das im Leben der Wikinger selbst sehr großen Raum einnehmen sollte, war das skandinavische Schiff. Schiffe erschienen schon auf den Felszeichnungen der Bronzezeit. Tacitus hat die Ostseeschiffe der Suionen so beschrieben: „Die Form ihrer Schiffe unterscheidet sich von unseren Schiffen, weil die ihren an beiden Enden einen Vorsprung haben. Und sie setzten weder Segel, noch haben sie Ruderer auf Bänken an den Seiten." Wir haben gesehen, daß das Schiff in den Begräbnissitten und religiösen Bräuchen der Skandinavier eine sehr wichtige Rolle spielte. Aber Schiffe waren mehr als nur Symbole. Schiffe hatten für das skandinavische Leben zu einer Zeit, als die See den Weg nach Norden bildete, eine wirkliche Bedeutung. Auch der Name Norwegen meint wirklich „Weg nach Norden". Er bezeichnet nicht so sehr ein Land als eine Schiffsroute.

Niemand kann mit Sicherheit sagen, welche Art von Schiffen in Skandinavien zuerst gebraucht wurden. Zwar ist der aus einem Baumstamm gehöhlte Einbaum wohl der am meisten verbreitete Typ des einfachen Bootes in der Welt, aber es erscheint mehr als wahrscheinlich, daß die alten Skandinavier Kajaks benutzten, also Boote, über deren hölzerne Rippen Häute gezogen wurden. Es ist von der Archäologie auch durch Versuche überzeugend nachgewiesen worden, daß die Schiffe der Bronzezeit, wie sie auf den norwegischen und schwedischen Felszeichnungen dargestellt wurden, nur leichte Kajaks gewesen sein können. Aus diesen Booten, so nimmt man an, entwickelte sich das beplankte Schiff der frühen Eisenzeit.

Das älteste Schiff, das von der Archäologie ausgegraben wurde, ist das Hjortspring-Schiff, das etwa 350 v. Chr. entstand und 1921 in einem Moor in Süddänemark ausgegraben wurde. Es war ein hölzernes Kriegskanu, das 20 Ruderer oder besser Paddler, da das Schiff keine Ruderdollen hat, aufnehmen konnte. An jedem Ende besaß das Schiff ein großes Steuerruder, so daß es in jede Richtung manövriert werden konnte. Das Hjortspring-Boot hatte kein Segel, denn das Segel war erst eine Erfindung der Wikinger.

Das nächste Boot in der Reihe der archäologischen Entdeckungen ist das Nydam-Schiff, das etwa sieben Jahrhunderte später gebaut wurde und zwischen 350 und 400 n. Chr. entstand. Dieses Schiff wurde 1864 aus einem Moor in Südjütland geborgen. Das Schiff war sehr groß, seine Eichenplanken waren 25 m lang und 51 cm breit. Das Schiff besaß Dollen für 30 Ruder an jeder Seite. Das Nydam-Schiff war ohne Zweifel ein Kriegsschiff, und ähnlich wie das Hjortspring-Schiff wurde auch das Nydam-Schiff im Moor als Votivgabe an die Götter versenkt, eine Gabe eines erbeuteten Kriegsschiffs. Mit ähnlichen Schiffen waren die Angelsachsen nach England übergesetzt, und hier sind auch schon Ansätze zum Wikingerschiff sichtbar, auch wenn dieses Boot noch gerudert und nicht gesegelt wurde. Es besitzt die gleichen eleganten Klinkerplanken wie die Wikingerschiffe, es hat ähnlich hohen Bug und Heck, die schon Tacitus bemerkt hatte, und auf der Steuerbordseite das große Steuerpaddel. Das große angelsächsische Kriegsschiff, dessen Reste 1939 in einem Schiffsgrab in Sutton Hoo in England gefunden wurden und das aus dem frühen 7. Jh. stammt, ist in seiner Technik klar vom Nydam-Schiff abhängig.

Der letzte bedeutende Fund eines Schiffs aus der Zeit vor den Wikingern ist das Kvalsund-Schiff, das aus einem Moor in Westnorwegen ausgegraben wurde und etwa aus der Zeit um 700 stammt; also etwas später entstand als das Schiff von Sutton Hoo. Auch das Kvalsund-Schiff war ein Kriegsschiff, ungefähr 18 m lang mit einem breiten Schiffsrumpf und ohne jedes Deck. Ähnlich wie seine Vorgänger zeigt auch das Kvalsund-Schiff noch keine Spur von Mast oder Besegelung. Doch der künftige Gebrauch eines Mastes ist hier schon angedeutet, weil das Kvalsund-Schiff, anders als seine Vorgänger, schon einen kleinen Kiel besitzt anstelle einer einfachen flachen Planke. Nur mit einer Mittelplanke waren diese leichten und biegsamen Schiffe nicht stabil genug, um den Druck von Mast und Segel auszuhalten. Erst die Entwicklung eines festen Kiels machte auch die Verwendung eines Mastes möglich.

Es mag verwunderlich erscheinen, daß die Skandinavier nicht früher zum Segelschiff kamen. Die Technik des Segelns hatte sich in den Mittelmeergebieten schon lange durchgesetzt, und Tacitus war sehr verwundert über das Fehlen von Segeln auf den Ostseeschiffen, doch da die skandinavischen Seeleute meist ihre eigenen Küstengewässer befuhren oder sich an den Küsten Europas entlang tasteten, waren geruderte Schiffe für solche Bedingungen geeigneter und leichter zu manövrieren als gesegelte Schiffe. Die archäologischen Funde zeigen uns eine langsame, aber stetige Entwicklung zum seetüchtigen Boot, das schnell und leicht und mit geringem Tiefgang gebaut war und ein niedriges Freibord hatte, also ein ideales Boot für Ruderer war.

In der historischen Abfolge der Funde kann man sehen, wie sich das Schiff der Vor-Wikingerzeit langsam zu jenem Punkt entwickelte, an dem es bereit war für das Zeitalter der Wikinger. Die übrigen Kennzeichen des Wikingerzeitalters waren in ähnlicher Weise herangereift. Es waren das kriegerische Selbstvertrauen, der Sinn für Abenteuer und Entdeckungen, die lockere Organisation relativ kleiner Menschengruppen, die ihrem Führer den Treueeid geschworen hatten, und der Glaube an Götter mit kriegerähnlichen Qualitäten. Selbstvertrauen und seemännische Kenntnisse besaßen die Skandinavier in reichem Maße. Alle Vorzeichen waren günstig. Das einzige, was noch nötig war, um die Wikinger auf eine überraschte Welt loszulassen, war das richtige Schiff.

Links: Kleine Bronzefigur eines Buddha aus Nordindien. Sie gelangte während der Völkerwanderungszeit nach Schweden in den Inselhafen von Helgö im Mälarsee beim heutigen Stockholm. Diese Figur zeigt deutlich die Ausdehnung des skandinavischen Handels. An der Stirn befindet sich ein goldenes Kastenzeichen, die Augen sind mit Silber eingelegt.
Darunter: Zeichnung eines Schiffs auf einer Kalksteingedenksäule aus Haggeby in Schweden, entstanden im 5. oder 6. Jh. Das Schiff, das keinen Mast hat, ist besetzt mit 15 Ruderern. Es ähnelt, obwohl in übertriebener Form, dem Nydam-Schiff.

Die Drachenschiffe

Die große Zeit der Wikingerzüge

Oben: Silbermünzen mit Darstellungen von Langschiffen der Wikinger; sie wurden vermutlich in Hedeby in Dänemark im frühen 9. Jh. geprägt und gefunden in Birka, dem großen Handelsplatz der Wikinger im Mälarsee in Schweden. Sie zeigen das typische Langschiff der Wikinger mit einem Mast, der mit Wanten zum Bug und Heck befestigt war, und mit dem einzelnen Rahsegel, das hier gerefft ist. Es waren noch keine wirklichen Münzen, sondern einfach eine frühe Form von Zahlungsmitteln, deren Wert vom Silber, das sie enthielten, abhing.
Links: Kriegerhelm der Vendelzeit des frühen 7. Jh. aus Uppland in Schweden. Die Wangenteile des Helms sind aus Eisen, während der Kopf aus Eisen mit aufgenieteten Bronzeplatten besteht, auf denen ein Kriegerzug dargestellt ist. Der Vendelstil, Schwedens Goldenes Zeitalter, leitet die eigentliche Wikingerzeit ein.

Mit dem Begriff „Wikinger-Zeitalter" wird jener Zeitraum zwischen 800 und 1100 erfaßt, in der die Skandinavier in einer Periode dynamischer Ausdehnung und unwiderstehlicher Energie auf der europäischen Bühne erschienen. Während dieser drei Jahrhunderte erzwangen sich die Skandinavier ihren Weg durch Rußland zum Schwarzen Meer und nach Konstantinopel. Um in die Mittelmeergebiete einzudringen, umklammerten sie Westeuropa, überrannten und besetzten große Gebiete von Frankreich, England, Irland und Schottland. Sie gründeten neue Kolonien auf den Färöern, in Island und Grönland, und sie erweiterten die Grenzen der bekannten Welt, als sie für kurze Zeit einen Brückenkopf am Ufer Nordamerikas einrichteten.

Diese Wikingerzüge waren ein außerordentliches Abenteuer. Plötzlich, so schien es, war die Nordsee bedeckt mit Schwärmen von Drachenbooten, die von Männern mit unbesonnenem Mut und unbezwinglicher Wildheit besetzt waren. Überall wo diese

Männer erschienen, plünderten, brannten und vergewaltigten sie. Vor allem Kirchen und Klöster waren Ziel ihrer Raubzüge, und ein unendlicher Strom von Kirchenschätzen, die die Wikinger in überraschten Klöstern geraubt hatten, floß zurück nach Skandinavien: „Mit einem Wort, auch wenn 100 Menschen mit 100 Zungen ununterbrochen sprechen würden, so könnten sie nicht beschreiben, wiedergeben oder aufzählen alles das, was das ganze Volk in Irland erlitten hat, Männer und Frauen, Laien und Priester, Alte und Junge, Vornehme und Geringe, an Härte, Ungerechtigkeit und Unterdrückung in jedem Haus erdulden mußten von diesen unerbittlichen und zornigen Fremden, diesen wahrhaft heidnischen Teufeln."

Es waren die entsetzten und wütenden Berichte von Priestern, wie dieses Schreibers des obigen Zitats aus dem *Krieg der Iren und der Fremden,* die den Wikingern ihren Ruf als blutdürstige Bestien gaben. In jenen Tagen waren Mönche die einzigen, die schreiben konnten. Sie verhalfen den Wikingern nicht nur zu ihrem äußerst schlechten Ruf, sondern sie benutzten sie ebenso, um mit ihrer teuflischen Natur Propaganda zu treiben. Sie stellten den Angriff der Wikinger als göttliche Strafe für Sünden dar, die Reue erforderten und ohne Zweifel auch zusätzliche Almosen für die Kirche.

Zum Glück änderte sich diese sehr einseitig gefärbte Einstellung zu den Wikingern heute. Schritt für Schritt hat die moderne Forschung ihren Ruf wiederhergestellt, und heute wird mehr Wert auf die Bedeutung der Wikinger für die europäische Politik, für Handel, Entdeckung, Kolonisation, Kunst und Geisteswelt gelegt. Niemand würde behaupten, daß die Wikinger alle Heilige waren, aber es ist heute eindeutig, daß sie keineswegs die Sünder waren, als die sie früher dargestellt wurden.

Das Wikinger-Zeitalter wurde erst durch das Wikingerschiff möglich. Das lag daran, daß diese Schiffe den Wikingern das Moment der Überraschung gab. Nach dem berühmten Überfall auf Lindisfarne, auf der Höhe von Northumberland im Jahre 793, schrieb Alcuin, der gelehrte Mönch aus Northumbrien: „Niemals in den rund 350 Jahren, seit wir und unsere Vorfahren dieses schöne Land besiedelten, hat es einen solchen Überfall in England gegeben, wie wir ihn jetzt von diesen Heiden erdulden mußten, und niemals hat man es für möglich gehalten, daß ein solcher Überfall von der See aus gemacht werden konnte."

Das Langschiff der Wikinger mit seinem Mast und seinem Rah-Segel ist heute in der Geschichte des Bootsbaus besonders bekannt durch die Entdeckung und Ausgrabung von drei stattlichen Langschiffen aus Schiffsgräbern in Südnorwegen: dem Oseberg-Schiff, dem Gokstad-Schiff und dem Tune-Schiff. Alle drei befinden sich heute im Wikingerschiff-Museum in Oslo. Nur das Tune-Schiff war nicht vollständig erhalten.

Das Oseberg-Schiff, ein reich geschmücktes Boot für die Küstenfahrt, stammt aus der ersten Hälfte des 9. Jh. Es ist ein elegantes Staatsschiff, das damals für das Begräbnis einer Königin be-

Rechts: Das Kloster Lindisfarne war Ziel einer der ersten überlieferten Überfälle der Wikinger in England im Jahre 793. Das Kloster wurde erst 875 aufgegeben, aber der Angriff verbreitete Furcht und zeigte deutlich die Stärke der Wikinger bei Überraschungsangriffen.

Das Gokstad-Schiff und das Oseberg-Schiff sind ohne Zweifel die berühmtesten Wikingerschiffe der Welt.
Unten: Das Oseberg-Schiff war eine königliche Barke des 9. Jh., in der die Norweger-Königin beigesetzt wurde. Es enthielt eine reiche Ausstattung an schöngeschnitzten Möbeln und Hausrat. Nur die gebogene Bugspitze ist nicht original. Der Rest des Schiffes war bemerkenswert gut erhalten.
Innen: Das Gokstad-Schiff war ein wirkliches Wikinger-Langschiff, lang, elegant und bemannt mit 16 Paar Ruderern.

nutzt wurde, die manche Forscher als die gefürchtete Königin Asa ansehen, die Großmutter des ersten Königs, der im neunten Jahrhundert das ganze Norwegen unter seiner Krone vereinigte, König Harald Schönhaar. Im Grab lag neben der Königin ein junges Sklavenmädchen, und um sie herum waren all die Möbel und Einrichtungsgegenstände aufgehäuft, die sie für ein königliches Leben, wie sie es gewöhnt war, auch nach dem Tode benötigte: ein hölzerner Wagen, Schlitten, Betten, Teppiche, Gerätschaften, Fässer, Töpfe, Zaumzeug, Schuhe, persönliche Besitztümer und auch ein Ochse.

Das Gokstad- und das Tune-Schiff entstanden etwas später im neunten Jahrhundert. Beide Schiffe werden mit königlichen oder fürstlichen Begräbnissen in Zusammenhang gebracht, und es scheint möglich, daß das Gokstad-Schiff das Grabschiff für König Olav von Vestfold war, der um 870 starb.

Anders als das Oseberg-Schiff war das Gokstad-Schiff ein wirkliches Kriegsschiff. Es war 25 m lang, wog mit voller Ladung ungefähr 20 Tonnen, hatte aber nur einen Tiefgang von 1 m. Wie das Oseberg-Schiff hatte auch das Gokstad-Schiff einen Vollkiel, aber sein Mast ist wesentlich stärker. Der Grund dafür ist zweifellos, daß der Mast des Oseberg-Schiffs, das früher entstanden war, zu schwach für wildes Wetter war und schon geflickt werden mußte. Das Gokstad-Schiff hatte Dollen für 16 Paar Ruder, die von der Innenseite mit hölzernen Pfropfen verschlossen werden konnten, wenn das Boot segelte, und es besaß ein großes Steuerruder am Heck auf der Steuerbordseite.

Das Gokstad-Schiff ist ein bewundernswertes Beispiel der Schiffsbaukunst, und es bedeutet den Höhepunkt einer jahrhundertelangen technischen Entwicklung, die 1300 Jahre früher mit dem Hjortspring-Schiff beginnt. Das Schiff war entworfen für Küstenfahrten und konnte eine Besatzung von 35 Mann aufnehmen. Seine Seetüchtigkeit wurde bewiesen, als 1893 ein genauer Nachbau des Schiffes von Norwegen nach Neufundland während stürmischen Wetters in genau 28 Tagen segelte.

Aus allen Funden und Quellen ist klar, daß die Wikinger es vorzogen, in Sicht der Küste zu segeln, denn an Land mußte abgekocht werden, während auf See die Männer sich nur mit Stockfisch und getrocknetem kaltem Fleisch ernähren konnten. An Bord selbst gab es keinen Schutz, die Mannschaft schlief auf Deck in doppelten Schlafsäcken aus Leder. Wenn es die Umstände erlaubten, zogen sie es deshalb vor, an Land zu kampieren und des Nachts unter Zelten zu schlafen.

Obwohl die Forschung sich nicht darüber klar ist, wie groß die navigatorischen Kenntnisse der Wikinger gewesen sind, scheint diesen Navigation auf offener See riskant gewesen zu sein, dennoch müssen einige der Steuerleute genügend Kenntnisse der Astronomie gehabt haben, um ihr Schiff über die offene See zu steuern. Sie erkannten ihre Position durch Beobachtung der Sonne am höchsten Stand zu Mittag und errechneten daraus, durch Vergleich mit anderen ihnen bekannten Orten, ihren Standort. Außerdem dürften sie bei bedeckten Tagen einen sogenannten Sonnenstein, ein Stück des durchscheinenden isländischen Spats benutzt haben, der milchig wurde, wenn man ihn gegen die unsichtbare Sonne hielt. Während des 10. Jh. benutzten sie außerdem mit Sicherheit eine markierte Peilscheibe, von der sie mit Hilfe des Sonnenstandes ihre Position ablesen konnten. Meistens jedoch segelten die Wikinger in Sicht der ihnen bekannten Küsten, und die Segelanweisungen wurden mündlich weitergegeben.

In der Vergangenheit war vor allem das Langschiff der Wikinger, das Drachenboot, bekannt. Aber nicht alle Schiffe der Wikinger waren Kriegsschiffe. Tatsächlich hatten die meisten der Wikingerschiffe die Form von Frachtbooten für Handel, Kolonisation und Hochseefahrten. Der gebräuchlichste Typ war die Knörr, ein breites Frachtschiff, das als Mädchen für alles in den nördlichen Meeren benutzt wurde.

Die einzige Knörr, die von der Archäologie bisher gefunden wurde, wurde 1962 im seichten Wasser des Roskilde-Fjords in Dänemark geborgen. Das Schiff war – zusammen mit vier anderen Wikingerbooten, zwei Kriegsschiffen, einem kleinen Ostseeschiff und einem Fährboot – im 11. Jh. hier versenkt worden, um den Hauptschiffahrtskanal gegen norwegische Räuber zu blockieren.

Alle fünf Schiffe sind heute im Wikingerschiff-Museum in Roskilde aufgestellt.

Die Knörr, meist aus Fichte gebaut, war kürzer und breiter als die Kriegsschiffe. Sie maß 15,5 m in der Länge und 4,5 m in der Breite. An Heck und Bug besaß die Knörr Decks, während das Mittelschiff zur Aufnahme von Fracht und Proviant für große Reisen offen war. Sie war vor allem ein Segelschiff. Anders als die Kriegsschiffe, die aus Gründen der Schnelligkeit und Manövrierfähigkeit im Kampf oder bei Windstille gerudert wurden, besaß die Knörr nur einige Ruder an Bug und Heck für schwierige Manöver im Hafen. Auch war sie stabiler gebaut als die Kriegsschiffe, die während Überfällen auf Land gezogen werden konnten und sogar von der Besatzung über Land getragen wurden. Die Knörr war entworfen für Seefahrten bei jedem Wetter. In der blumenreichen Sprache des Dichters war sie der „ozeanpflügende Stier".

Mit solchen Schiffen fuhren die Wikinger auf ihre folgenschweren Abenteuer aus. Es wäre jedoch falsch zu glauben, daß diese Wikingerfahrten geplant gewesen sind, ein bewußter Angriff auf die Weltherrschaft. Skandinavien war zur Wikingerzeit alles andere als einig. Jedes Land, jedes Gebiet, sogar jede Landschaft hatte ihre eigenen Lehnsverpflichtungen. Aus diesem Grund ist auch der gebräuchliche Ausdruck „Wikingerzeit" falsch und so mißverständlich wie der Begriff „Mittelalter".

Auch das Wort „Wikinger" selbst, eine allgemeine Bezeichnung für die Skandinavier dieser Zeit, ist zweifelhaft. Es gibt eine ganze Reihe von Herleitungen dieses Wortes, aber es scheint, daß es von dem altnorwegischen Wort „vik" abstammt, das Bucht oder Flußmündung bedeutet und dann in Zusammenhang mit Männern gebracht wurde, die ihre Schiffe in Buchten oder Flußmündungen steuerten, um Krieg zu führen oder Handel zu treiben. Bald jedoch wurde das Wort nur noch für jene Skandinavier gebraucht, die als Plünderer und Glücksritter tätig waren.

Im allgemeinen wird als Beginn des Wikingerzeitalters das Jahr 800 angenommen. 789, so berichtet die Angelsachsenchronik, gab es einen Zusammenstoß im Hafen von Portland, an der englischen Dorset-Küste, zwischen drei norwegischen Schiffsbesatzungen und den örtlichen Behörden, wobei der Sheriff von Dorset und seine Gefolgsleute getötet wurden. Die eigentlichen Überfälle begannen mit dem unerwarteten Angriff auf Lindisfarne, den Alcuin 793 beklagt hatte. Diesem folgten gelegentliche Überfälle auf an-

Oben: Norwegische Flotte, graviert in ein Stück Holz (18 cm lang), das in Bergen gefunden wurde und aus der ersten Hälfte des 13. Jh. stammt. Einige der Bugspitzen tragen die berühmten Drachenköpfe.
Darunter: Versilberte und gravierte Wetterfahne aus Bronze von der Kirche in Heggen, Norwegen. Sie wurde ursprünglich wohl als Wetterfahne oder Standarte am Schiffsbug benutzt, wie sie die Schnitzerei aus Bergen zeigt. Die Gravierung zeigt einen ornamentalen Stil mit langgezogenen charakteristischen Tierformen.

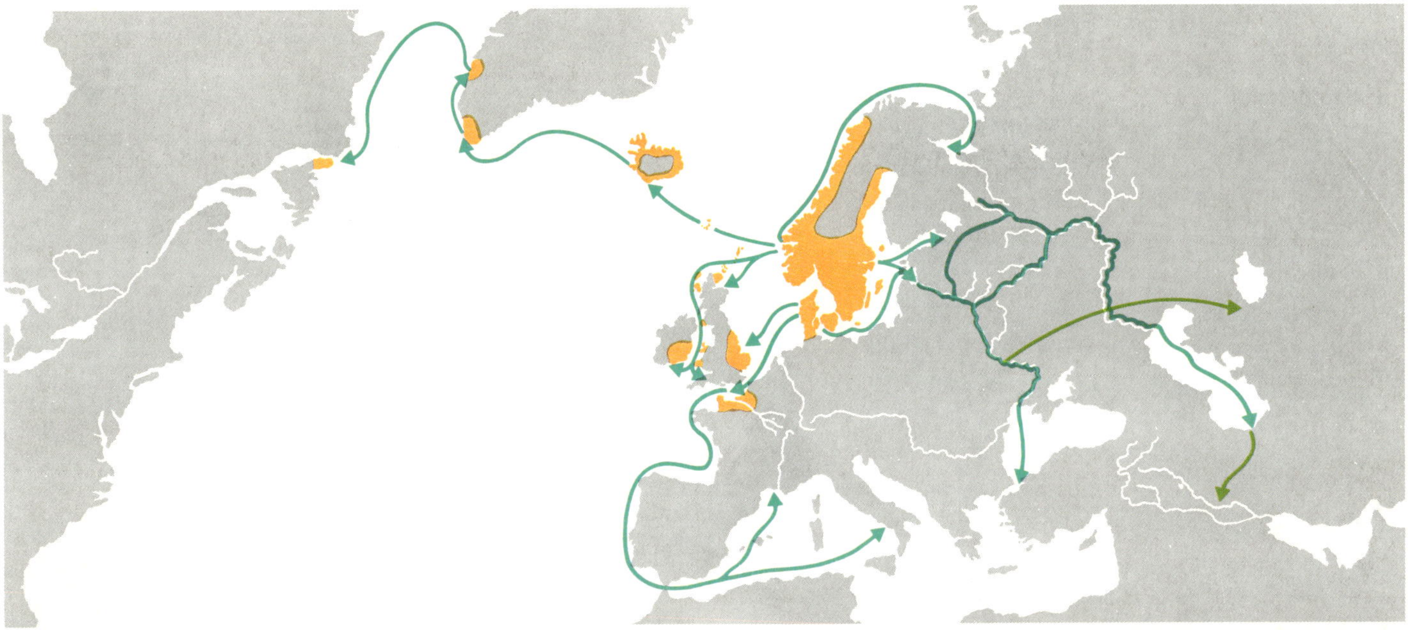

dere Klöster in Northumbrien, vielleicht auf Jarrow und dann auf Iona und in Irland. Vor 830 waren die Wikingerüberfälle auf Europa jedoch nicht dauernd und geordnet.

Es ist heute völlig klar, daß die Skandinavier schon lange vor diesen Überfällen in Bewegung waren, jedoch nicht als Wikinger, sondern als Händler und Siedler. Neue Ausgrabungen in Shetland und auf den Orkneys zeigen, daß skandinavische Siedler diese Inseln, lange bevor die Wikingerraubzüge begannen, schon erreicht hatten. Es waren Farmer, die die örtliche Bevölkerung, die Picten, und deren Kultur rasch überlagerten und aufsaugten. Die archäologischen Funde lassen erkennen, daß es sich um einen Prozeß friedlicher Assimilation handelte. In den ältesten Ausgrabungsschichten finden sich aus der Zeit der norwegischen Besetzung keinerlei Waffen. Diese ältesten Siedler übernahmen vielmehr die bestehenden und teilweise überraschend ausgebildeten Bräuche der Picten, ihre Haushaltsgeräte und Kunstformen und vermischten sie mit ihren eigenen.

Auch in England erschienen die ersten Skandinavier sicher nicht als Räuber. Der Überfall auf Lindisfarne dürfte deshalb auch nicht als solcher Blitz aus heiterem Himmel erschienen sein, wie es Alcuin glauben macht, zumal er zu dieser Zeit in Frankreich als Berater des Kaisers Karl des Großen lebte. Wenn wir uns noch einmal an den Überfall, der in der Angelsachsenchronik beschrieben wird, zurückerinnern, so scheint es, daß der Sheriff von Dorset die Norweger als Kaufleute und nicht als mögliche Feinde erwartet hatte. Und der Streit war wohl nur aufgeflammt, weil der Sheriff den Fremden sehr herrische Befehle gegeben hatte und sie zur königlichen Villa nach Dorchester schicken wollte. So kann man als sicher annehmen, daß schon Handelsbeziehungen zwischen England und Skandinavien bestanden, und dieser eine Zusammenstoß ist wohl nur in der Chronik erwähnt, weil er so blutig endete.

Wenn wir nach Osten schauen, so ergibt sich ein ähnliches Bild. Schon lange vor der Wikingerzeit trieben die Schweden Handel im ganzen Ostseeraum. Das kleinere der Handelsschiffe, das im Roskilde-Fjord gefunden wurde, war leichter gebaut als die Knörr. Es war gebaut für Fahrten in Küstennähe oder Flüssen, leicht genug, um auch, wenn nötig, über Land getragen werden zu können. Schiffe wie dieses machten es den Schweden möglich, nach Rußland einzudringen auf der Suche nach Reichtum, aber sie kamen als Handelsleute. sie entwickelten zwei Haupthandelswege vom Norden zum Schwarzen und Kaspischen Meer. Der eine folgte

Karte rechts oben: Die Reisen der Wikinger, ob für den Handel, für Eroberungen oder Siedlungen, waren bemerkenswert ausgedehnt. Im Westen erreichten sie Neufundland und möglicherweise kamen sie sogar bis Nordamerika. Im Osten führten sie die Handelswege über die großen russischen Ströme bis nach Bagdad und zur Seidenstraße (Wasserwege in blauer Farbe, Landwege in Grün, besiedelte Gebiete in Orange).
Rechts unten: Verschiedene Münzen, meist byzantinischer oder islamischer Herkunft, beweisen die ausgedehnten Handelsfahrten der Wikinger.

dem Wolchow nach Novgorod, dann über Land zum Dnjepr und von dort nach Konstantinopel; der andere folgte der Wolga, von wo man auch die Seidenstraße von China in der Nähe des Aral-Sees erreichen konnte.

Man kann sogar sagen, daß die Schweden den künftigen russischen Staat ins Leben riefen, indem sie die großen Städte im europäischen Rußland – Novgorod, Kiew, Smolensk – gründeten, obwohl die russischen Archäologen sich bemühen, bei ihren Ausgrabungen den slawischen Ursprung nachzuweisen. Die Schweden scheinen Rußland auch seinen Namen gegeben zu haben. Etwa um 860, so berichtet die alte *Russische Chronik*, wandte sich das Volk von Mittelrußland an einen „Rus" genannten Stamm, der die Herrschaft in ihrem Gebiet übernehmen sollte. Ein Skandinavier mit Namen Rurik folgte diesem Ruf und gründete Novgorod. Zwar kann man sich über die Herleitung des Wortes „Rus" streiten, aber es kann kein Zweifel darüber bestehen, daß die Schweden eine entscheidende und einschneidende Rolle bei der Entwicklung der russischen Handelsstraßen und -orte spielten. Wie erfolgreich der schwedische Handel war, wird eindeutig bewiesen durch die Reichtümer aus allen Gebieten des Ostens, die von Archäologen in der großen schwedischen Handelsstadt von Birka gefunden wurden, das zwischen 800 und 950 seine Blütezeit erlebte. Neben Seide, Gewürzen, Pelzwerk und Metallen wurden bis heute mehr als 60000 arabische Münzen in Skandinavien ausgegraben, ein deutlicher Beweis für die Ausdehnung des Handels und seine Blüte.

Da der Handel auf solch weiten Wegen natürlich beschützt werden mußte, waren die Schweden sowohl Händler wie Krieger. Manche von ihnen verdingten sich sogar als Söldner in Konstantinopel, wo sie die berühmte Garde der Waräger bildeten, die im Dienste des Kaisers stand. Dies waren nicht mehr Räuber, sondern Berufssoldaten, eine Art byzantinischer Fremdenlegion, die nicht nur wegen ihres Mutes, sondern ebenso wegen ihrer Treue hoch bezahlt wurden.

Die Wikinger nannten Rußland „Groß-Schweden", aber sie dachten niemals an Eroberung oder eine Reichsgründung. Für die Schweden war Rußland ein reicher und einladender Markt, der erschlossen werden mußte. Es ist klar, daß Skandinavier, die sich

Links: Der Sogne-Fjord in Westnorwegen. Hier war gutes Ackerland selten, weil die Küsten felsig und steil abfielen, aber die Tiefseefjorde boten natürliche Ankerplätze für Piratenschiffe.
Unten: Dieses Detail eines Bildsteins aus Gotland zeigt ein Wikingerschiff unter Segel. Es stammt aus dem 8. Jh. Das Schiff ist von zwei Leuten bemannt. Nach Motiven der Bildsteine und ähnlichen anderen kann man annehmen, daß das Schiff gefallene Krieger nach Walhall trug.

in Rußland als Händler oder Bauern niederließen oder die nach Konstantinopel gingen, sehr schnell integriert wurden. Die Skandinavier brachten zwar die zündende Dynamik und Energie, aus der die Städte entstanden, aber diese Städte selbst wurden schnell slawisch und nicht skandinavisch.

Auch in Irland gründeten, trotz des Gejammers der irischen Geistlichen, die das Gegenteil zu behaupten versuchten, Wikinger die ersten Städte, und Wikinger nahmen auch an den endlosen Bruderkämpfen unter den irischen Häuptlingen teil. Archäologische Ausgrabungen im Herzen von Dublin zeigen Jahr für Jahr deutlicher den Umfang der Siedlung, die die Wikinger hier in der Mitte des 9. Jh. gründeten. Neben Dublin gründeten die Wikinger andere Handelsstädte, wie Limerick, Waterford, Wicklow und Wexford. Sie führten bei dem einfachen Bauernvolk Irlands den Handel ein und brachten Irland in Verbindung mit dem europäischen Handel.

Ähnlich wie die Schweden in Rußland, waren auch die Wikinger in Irland sowohl Händler wie Krieger. Die irischen Geschichtsbücher sind angefüllt mit Erzählungen über Grausamkeiten der Wikinger, aber sie wurden geschrieben lange nach diesen Ereignissen. Die Hauptquelle, der *Krieg der Iren mit den Eindringlingen*, die im 12. Jh. geschrieben wurde, ist kaum mehr als ein Lobgesang auf die irischen Könige und den Helden Brian Boru, der im Kampf um Clontarf 1014 gefallen ist. Sie stellt nationalistische Propaganda dar, geschrieben, um für Irland das Bild zu erwecken, als hätte das Land Widerstand gegen die heidnischen Horden geleistet. Heute ist bewiesen, daß Überfälle auf Klöster schon lange vor der Zeit der Wikinger ein beliebtes Freizeitspiel für die Iren waren. Wenn Wikinger an manchen der örtlichen Kämpfe teilnahmen, so waren sie Söldner, nicht aber Eroberer.

Die Wikinger waren sicherlich nicht die unbesiegbaren Eisenmänner, als die sie lange dargestellt wurden. Sie waren im allgemeinen zu locker organisiert, um als Kampfeinheiten wirklich erfolgreich zu sein, und sie wurden häufig besiegt, wenn sie mit regulären Truppen zusammenstießen. Am erfolgreichsten waren sie bei blitzschnellen Kommandounternehmen, bei denen sie von See aus Küstenorte überfielen und sich zurückzogen, bevor der Widerstand organisiert werden konnte.

Zeitgenössische Berichterstatter haben die Zahl der Wikingerkriege im allgemeinen maßlos übertrieben. Auch dort, wo wirkliche Armeen aufgestellt wurden mit dem Ziel, Land oder Herrschaft zu gewinnen, überschätzen die Berichterstatter die Zahl der Männer. Die große Heidenhorde, die 865 in Northumbrien einbrach, dürfte nicht mehr als 500 Männer stark gewesen sein. Die dänischen Invasionen des folgenden Jahrhunderts, als der unglückliche König Ethelred der Ratlose von England Jahr für Jahr an König Sven Galbart Tribut zahlte, waren im eigentlichen Sinn keine Wikingereinfälle mehr. Es waren genau organisierte Expeditionen mit politischem oder finanziellem Ziel, ausgeführt durch Berufssoldaten und Söldner, die in großen Militärlagern in Dänemark stationiert waren. Im 10. Jh. änderte sich mit dem Aufkommen von Zentralgewalt bei den skandinavischen Völkern das ganze Konzept der Wikinger. Die skandinavischen Könige waren nicht länger Seeräuber, sondern Männer mit einem beachtlichen politischen Machtgefühl und der Absicht, sich dauerhaft auf dem europäischen Festland festzusetzen.

Die Teilnahme von Wikingern an den Vorgängen in England zeigt diesen Wechsel der Ziele sehr deutlich. Obwohl König Alfred der Große als Nationalheld gefeiert wird, der die Wikinger aus dem Lande trieb, sollte man sich daran erinnern, daß er 886 einen Vertrag mit den Dänen abschloß, in dem die Teilung Englands anerkannt wurde. Der nördliche Teil Englands wurde jetzt als Dänenland bekannt, und er war anerkannt als getrennter, politisch selbständiger Teil Englands mit eigener Verwaltung und Gesetzgebung, die skandinavischen Ursprungs war. Dies ist ein gutes Beispiel dafür, wie man Schwerter in Pflugscharen verwandeln kann, denn die Siedler, die schnell darangingen, die Wirtschaft und Kultur Nordenglands wieder zu beleben, waren niemand anders als die große heidnische Horde, die 865 eingefallen war und die jetzt das Land besiedeln wollte. Die späteren dänischen Einfälle unter Sven Gabelbart, die für kurze Zeit England mit Dänemark unter der Krone König Knuts vereinigte, entsprach reinem Machtstreben und war der Versuch, ein Herrschaftsreich zu gründen.

Daß die Kontrolle über den englischen Thron nur kurzlebig war, scheint typisch für die Wikinger zu sein. Es ist, als wenn sie von Natur aus Nomaden gewesen wären, Nomaden der See, die dazu neigten, ihre Eigentümlichkeit zu verlieren, wenn sie auf dem Lande siedelten. Nur einer der zahllosen Wikinger, die Raubzüge gegen das europäische Festland unternahmen, hinterließ einen bleibenden Eindruck. Es war der norwegische Freibeuter Rolf, genannt der „Fußgänger", weil er so schwer war, daß kein Pferd ihn tragen konnte. Rolf versuchte 911 ohne Erfolg Chartres zu erobern; doch später besetzte er, nach einem Vertrag mit dem König von Frankreich, einen breiten Streifen von Nordfrankreich. Hier setzte sich Rolf, nach seiner Taufe nannte er sich „Rollo" und wurde Herzog, mit seinen Norwegern so fest, daß das Land nach einiger Zeit Normandie genannt wurde, das Land der Nordmänner oder Normannen. Die ursprüngliche Energie der Wikinger vermischte sich mit der örtlichen Kultur und führte zu einer mächtigen Feudalherrschaft, die 150 Jahre später unter Herzog William, mit überraschender Leichtigkeit England eroberte und besetzte.

Die Wikinger bewahrten ihre ursprüngliche Natur nur auf den Inseln nördlich von Schottland, wo sie Seefahrer blieben. Die nordischen Fürstentümer von Shetland und den Orkney-Inseln blieben ausgesprochen nordisch bis ins 13. Jh. und wurden bis 1468 nicht Teil des Königreiches von Schottland. Noch im 12. Jh., als die St.-Magnus-Kathedrale in Kirkwall gebaut wurde, lebten auf den Orkney-Inseln Männer wie Sven Asleifsson in der Tradition der Wikinger, d.h., sie waren Bauern im Frühling und Herbst, machten Wikingerfahrten im Sommer und feierten mit ihren Gefolgsleuten während des Winters. Die Erbauung der St.-Magnus-Kathedrale, das eindrucksvollste und dauerndste Zeugnis norwegischer Baukunst in England, war sowohl Höhepunkt wie Ende des Wikinger-Zeitalters auf den nördlichen Inseln. Der Bau dieser Kathedrale verkörpert auch den Wechsel von einer bäuerlichen Mythologie zum Christentum, das zwei Jahrhunderte vorher eingeführt worden war. Und das Errichten massiver Steinsäulen symbolisierte den letzten Schritt vom Meer auf das Land. Die Nordmänner der nördlichen Inseln waren nicht länger Nomaden. Sie hörten auf, Wikinger zu sein, und schon kurze Zeit später beklagten sich die Geschichtsschreiber der Orkneys bitter über Überfälle von See, die von den Bewohnern der Hebriden ausgeführt wurden.

Man muß noch weiter nach Norden blicken, über den Atlantik, um das dauerhafteste Ergebnis der großen Wikingerwanderungen zu finden, in Island und weniger ausgeprägt auf den Färöer. Beide Inseln waren praktisch leer, als die ersten nordischen Einwohner im 9. Jh. hier erschienen. Die einzigen Bewohner waren irische Einsiedler, die das Land eilig verließen, als die Wikinger erschienen.

Island war das ideale Land für die Entstehung einer ausgeprägten nordischen Gemeinschaft und ist es bis heute geblieben. Hier konnten die Nomaden der See ungestört siedeln und ihren eigenen Staat schaffen. Die Verfassung, die dem Charakter der Wikinger am meisten entsprach, war nicht die Monarchie, sondern die Republik, ein parlamentarischer Staatenbund. Dies entsprach der Natur und den Sitten von Männern, die sich selbst ihrer Unabhängigkeit immer brüsteten. Im Idealfall war der Führer eines Wikingerschiffs immer nur primus inter pares; und diesen Grundsatz brachten sie mit nach Island. In gewisser Weise blieben die Nordmänner auch in Island Nomaden, denn in einem Land ohne natürliche Quellen für Holzgebäude, bestanden sie auf Holzbauten, für das sie das Material teuer und unter Anstrengungen aus Norwegen und sogar aus Nordamerika importieren mußten. Es scheint, als wenn sich die Nordmänner dagegen wehrten, zu stark in dem neuen Land heimisch zu werden. Während die Nordmänner auf den Orkneys und in Grönland eine große Kathedrale aus Stein bauten, errichteten die Nordmänner in Island ihre Kathedrale aus Holz, und die Holzkathedrale, die sie im 12. Jh. in Skalholt bauten, war so groß, daß sie größer als jede Stabkirche in Skandinavien war und rund 700 Leute aufnehmen konnte. Erst als die Isländer allmählich aufhörten, selbst Schiffseigner zu sein und in Abhängigkeit von norwegischen Schiffen für ihren Handel kamen, verloren sie 1262 ihre Unabhängigkeit und wurden eine skandinavische Kolonie. Es dauerte bis 1944, bis sie ihre Unabhängigkeit zurückgewannen und eine Republik bildeten.

Wikingerwaffen zeigen die Meisterschaft der wikingischen Handwerker.
Rechts: Schwert mit Silbergriff, dekoriert im englischen Stil, das in Skane in Schweden gefunden wurde.
Ganz rechts: Bronzespeer mit graviertem Silberschaft, gefunden in Schweden.
Unten: Große Streitaxt aus dem 10. Jh., gefunden in Mammen in Jütland. Der mit Silberdraht eingelegte Schmuck zeigt ein vogelähnliches Tier, dessen Glieder Akanthusblättern gleichen. Die Wikingeraxt hatte sowohl zeremonielle wie auch kriegerische Funktionen und wurde gerne zur Schau gestellt.

Island war niemals ein Wikingerstaat im üblichen Sinn des Wortes, denn von Island gingen niemals Raubzüge aus. Andererseits wanderten junge Isländer häufig aus, um Ruhm und Reichtum bei Wikingerbanden zu erwerben. Sie verdingten sich als Hofdichter bei skandinavischen Königen und musterten sogar bei der berühmten Waräger-Garde in Konstantinopel an. Dennoch war Island das Wikingerland schlechthin, denn hier lebte ein Volk von Bauern voller Wanderlust, hier wohnten Seeleute, die Bauern waren, Bauern, die es liebten, sich wie Fürsten zu geben, Demokraten mit einer Neigung zur Aristokratie.

Die Isländer blieben nordisch und erhielten mehr vom skandinavischen Wesen, als irgendein anderes Land außerhalb der skandinavischen Halbinsel. Selbst ihre Sprache gleicht, kaum verändert, der Sprache, wie sie die Wikinger sprachen. Es gehört zu den Ironien der Weltgeschichte, daß ausgerechnet die Isländer die Bewahrer der Wikingerüberlieferung wurden. Sie waren die einzige skandinavische Nation, die ihre Geschichte, ihre Dichtung und ihre Mythologie in ihrer Muttersprache aufschrieb. Schon bald nachdem Island sich durch Regierungsbeschluß im Jahr 1000 zum Christentum bekannte, setzte eine literarische Tradition ein, die in den klassischen isländischen Sagas des 13. Jh. gipfelt. Diese Sagas waren Prosaerzählungen der Geschichte des frühen Island und der skandinavischen Könige, komponiert als wirklich literarische Werke, um zu lernen und zu unterhalten. Neben dieser erzählerischen Dichtung gab es in Island eine reiche Tradition einer Versdichtung. Ohne Ausnahme waren alle Hofpoeten in Skandinavien Isländer, und in Island wurden die ältesten germanischen Heldenlieder und mythologischen Gesänge auf Kalbsleder geschrieben, in zwei Werken, die als Edda bekannt sind. Aus diesen beiden Quellen, den Sagas und den Liedern der Edda, schöpfen wir unsere reichsten Quellen für das Zeitalter der Wikinger.

Das Abenteuer der Wikinger endet nicht in Island. Von Island segelten Auswanderer weiter, um sich in Grönland niederzulassen, und von hier fuhren abenteuernde Wikinger, die den Gefahren des unbekannten Atlantik trotzten, weiter bis nach Nordamerika, dem Vinland der Sagas, und versuchten hier zu siedeln. Doch der Überfahrt nach Vinland war kein langer Erfolg beschieden. Die Kolonisten, die unter Führung des Isländers Thorfinn Karlsefni im frühen 12. Jh. das Land erreichten, waren nicht zahlreich genug. Die Verbindungslinien mit dem Heimatland waren zu lang, und ihre Waffen, obwohl aus Eisen, reichten nicht aus, um die empörten Indianerstämme, die sich ihrer Einwanderung widersetzten, abzuschrecken oder niederzumetzeln. Nach drei Jahren kehrten diese Kolonisten heim nach Grönland und Island. Einige Anthropologen haben in den indianischen Überlieferungen Spuren von Erinnerungen an eine göttliche Herrenrasse entdeckt, die sie mit der Anwesenheit der Wikinger in Verbindung bringen. Trotz großer Anstrengungen haben die Archäologen bisher keine einzige Wikingersiedlung auf Neufundland entdecken können. Dennoch scheint es, daß während eines Zeitraums von 300 Jahren gelegentlich Wikingerexpeditionen nach Nordamerika kamen, um Holz für das baumlose Island zu sammeln.

Die Siedlung der Wikinger in Grönland bestand viel länger, kam aber ebenfalls zu einem schlechten Ende, denn als das Klima im späten Mittelalter sich veränderte, wurde Grönland allmählich unbewohnbar für Europäer. Im frühen 15. Jh. waren die Küsten von Packeis eingeschlossen. Kein Schiff konnte die abgeschnittenen Nordmänner mehr erreichen, und als am Ende des Jahrhunderts Christoph Columbus die Neue Welt wiederentdeckte, da waren die Nordmänner auf Grönland schon ein Teil der Geschichte geworden.

Hammer und Kreuz

Die Begegnung mit dem Christentum

Oben: Krümme eines Bischofs- oder Abtstabes aus Bronze mit eingelegtem Email aus Helgö in Schweden (8. Jh.). Dieses besonders reiche Schmuckstück kann nur aus einer Beute aus Irland stammen, obwohl Missionsbischöfe von Beginn der Wikingerzeit an in Skandinavien tätig waren.
Links: Gesicht eines Wikingers. Geschnitzte Figur an dem im Oseberg-Schiff gefundenen Wagen. Dieses Gesicht hat nichts von der hirnlosen und fanatischen Wildheit, die spätere Schriftsteller so oft mit den Wikingern in Verbindung brachten. Stärke, Entschlußkraft und Stolz waren die Grundwesensmerkmale des Wikingers.

Gegen Ende des 11. Jh. hatte sich der große Schwung der Wikingerzeit totgelaufen und sich in normale europäische Machtpolitik verwandelt. Was aber war der Grund dafür, und welche Beweggründe standen hinter dieser erstaunlichen Sturzwelle normannischer Ausdehnung? Von den verschiedenen Antriebskräften können wir nennen: Landhunger, Habgier, Machtstreben, Liebe zum Abenteuer, natürliche Angriffslust, Glücksrittertum, Blutrünstigkeit oder einfach Wanderlust.

Natürlich gibt es keine einfache oder einzige Antwort darauf. Vermutlich war es ein Zusammenkommen all dieser Motive. Deshalb ist es auch falsch, das Wikinger-Zeitalter auf einen Nenner bringen zu wollen, denn diese Sammelbezeichnung umfaßt sehr viele Einzelzüge. Sicher ist, daß die Wikingerbewegung nicht gesteuert war, denn nur selten war sie auf ein genaues Ziel gerichtet, wie etwa der politische Wunsch, England zu erobern.

Ein oder zwei fördernde Beweggründe kann man mit Sicherheit feststellen. Ein Hauptgrund scheint die Landnot gewesen zu sein, denn es ist offensichtlich, daß sich im 7. Jh. in Skandinavien eine Bevölkerungsexplosion ergab, für die der Zug in die unbewohnten nördlichen Gebiete, auf der Suche nach mehr Land, ein Beweis ist. Wie immer sind Ursache und Wirkung hier schwer zu trennen. Doch fällt dieser Zug nach Norden zusammen mit Fortschritten in der Bearbeitung von Metallwerkzeugen, die das Fällen von Urwäldern leichter machten. Hinzu kommt der steigende wirtschaftliche Wohlstand von Schweden und in geringerem Maße auch von Dänemark und Norwegen.

Wir können uns leicht das Bild eines geschäftigen skandinavischen Bauernhofes vorstellen, auf dem eine Menge junger Söhne aufwuchs. Nur der älteste konnte den Hof erben. Die anderen mußten sich ihr Glück selbst suchen. Auswanderung war eine Möglichkeit für diese jungen Söhne, eine andere war Gesetzlosigkeit und Piraterie, die in diesem Zeitalter zu schnellen Erfolgen führten.

Politischer Druck spielte sicher ebenfalls eine Rolle. Lange Zeit hatte jedes Tal und jedes Gebiet nach eigenen Gesetzen gelebt und in lockerer Gefolgschaft einem gewählten Häuptling gehorcht. Jetzt machten sich allmählich mächtigere Männer breit. Viele der zweiten Söhne traten in den Dienst solcher Männer, die durch Gewalt oder Androhung von Gewalt die Gebiete ihrer Nachbarn übernahmen. Für die Menschen, die sich nicht unterwerfen wollten, oder schon einem mächtigeren Rivalen unterlegen waren, schien der einzige Ausweg die Suche nach neuem Land zu sein. Die isländischen Sagas neigen dazu, diesen Freiheitswillen als Grund für die Besiedlung Islands zu betonen. Sie berichten von Schiffen voll stolzer, frei geborener Männer, die sich dem Versuch König Harald Schönhaars, seine königliche Gewalt auf ganz Norwegen auszudehnen, nicht beugen wollten. Es wird angenommen, daß König Harald durch diese Auswanderungsfälle nach Island so beunruhigt war, daß er sie verbot oder zumindest versuchte sie zu verbieten, womit er freilich das Gegenteil erreichte, denn die Auswanderer waren tatsächlich Flüchtlinge vor seinen Befehlen und Anordnungen. Natürlich ist dieser Gesichtspunkt sehr

Oben: Ödland im hohen Norden. Ein Luftbild von Brattahlid, einer Siedlung im Osten Grönlands. Die Nordmänner waren hartnäckige Entdecker, und sie siedelten in Gebieten, in denen sich keine anderen Europäer niederlassen wollten. Grönland lag an der äußersten Grenze der für weiße Menschen bewohnbaren Welt, aber in den geschützten Tälern am Fuße der großen Eisberge fanden isländische Siedler Ackerland und gründeten eine Kolonie, die 500 Jahre bis zur kleinen Eiszeit im späten Mittelalter bestand.

vereinfacht und idealisierend, aber er steht im Mittelpunkt der frühen isländischen Geschichtsschreibung.

Nachdem die Wikingerzüge, aus was für einem Grund auch immer, einmal begonnen hatten, reizte der offensichtliche Erfolg derjenigen, die an den ersten Zügen teilgenommen hatten, die anderen zur Nachahmung. Da gab es jenseits des Meeres im Westen Land in Hülle und Fülle, da gab es Handelsplätze mit reichen Gewinnmöglichkeiten im Osten, und vor allem eröffnete das hochentwickelte Segelschiff der Wikinger für diese schwerbewaffneten Männer ganz neue und unerwartete Möglichkeiten und Ziele. Auch politisch zeichneten sich neue Chancen ab. So hatte Dänemark, das staatlich besser organisiert war als Norwegen, schon immer mit dem Frankenreich unter Karl dem Großen geliebäugelt. Und als Karl der Große 814 starb und sein Reich unter seinem Sohn auseinanderzubrechen begann, da standen die Dänen bereit, um einzumarschieren.

Nachdem die Skandinavier angefangen hatten, sich sowohl einzeln wie auch in ihrer Gesamtheit ihrer eigenen Stärke und ihrer seemännischen Meisterschaft bewußt zu werden, ist es kaum verwunderlich, daß sie begannen, diese auch auszunützen. Sie hatten Überfluß an Menschen, Überfluß an Energie, Überfluß an Wagemut, also die idealen Voraussetzungen für einen Überraschungsangriff. Angesichts dieser wirtschaftlichen, politischen, soziologischen und technischen Zusammenhänge fällt es nicht schwer zu erkennen, warum die Wikingerzüge so verschieden waren, wie sie uns heute erscheinen, warum Siedler zusammen mit Räubern segelten, Kaufleute mit Kriegern, Bauern mit Entdeckern, Poeten mit Piraten.

Die Gründe für die Wikingerzüge hängen also in vielfältiger Weise zusammen, aber was waren die Gründe für den Verfall dieser Bewegung? Warum wurde das Wikinger-Zeitalter zu einer Legende?

Wir haben bereits die Schnelligkeit erwähnt, mit der Wikinger von der einheimischen Zivilisation des Landes, in dem sie sich niederließen, absorbiert wurden und ihre Fähigkeit, sich ihrer neuen Heimat anzupassen. Grund dafür war sicher ein Mangel an ausgebildeter Zentralgewalt, wie sie später von den Normannen entwickelt wurde. Außerdem ein Mangel an Zusammenarbeit zwischen den drei großen skandinavischen Ländern, die sich ununterbrochen gegenseitig bekämpften und so die Stärke vergeudeten, die sie furchterregender hätte machen können als die Stärke der europäischen Reiche. Alles in allem waren die Wikinger zu sehr Einzelgänger, als daß sie sich in einer erfolgreichen Gesamtbewegung hätten organisieren lassen.

Vor allem aber muß man zwei andere Gründe bedenken: den Niedergang der Wikinger-Drachenschiffe als Kampfinstrument gegen andere Schiffe und die schrittweise Bekehrung der Wikinger zum Christentum.

Das eigentliche Wikingerschiff verfiel allerdings nicht während des Wikingerzeitalters. Im Gegenteil, es wurde besser und größer. Das Gokstad-Schiff aus dem 9. Jh. hatte 32 Ruderer, und bis in die jüngste Zeit glaubte man nicht, daß Wikinger-Drachenschiffe viel größer hätten sein können. Doch die isländischen Sagas sprechen von Schiffen, die viel größer waren. Im späten 10. Jh. soll König Olaf Tryggvason von Norwegen ein Schiff gehabt haben mit Namen „Lange Schlange“, das 34 Paar Ruderer aufnehmen konnte. Und diese Überlieferung wurde jetzt bestätigt durch den Roskilde-Fund, denn das größere der dort gefundenen zwei Kriegsschiffe war 27 m lang und konnte etwa 25 Paar Ruderer aufnehmen.

Doch andere Völker konnten das Wikingerschiff kopieren, und sie taten es auch. Im Jahre 897 befahl König Alfred der Große von England den Bau einer Flotte, mit der er den Kampf gegen die Wikingerräuber an den englischen Küsten aufnehmen wollte. Die Angelsachsenchronik berichtet über diese Schiffe: „Sie waren mehr als doppelt so lang als die Drachenschiffe. Einige von ihnen hatten 60 Ruderer, andere noch mehr. Sie waren schneller, stabiler und höher als die Drachenschiffe. Sie waren weder nach der Art der Friesen noch der der Dänen gebaut, aber sie schienen dem König sehr erfolgreich zu sein." Es kann gut sein, daß König Alfreds Flotte die Wikinger anspornte, ebenfalls größere und längere Schiffe zu bauen, aber ebenso klar ist, daß die Wikinger allmählich ihre überwältigenden Anfangserfolge durch Schnelligkeit und Überraschung verloren und daß sie sich im Nachteil befanden bei Schiffskämpfen, wo die Schiffshöhe über dem Wasser sich entscheidend erweisen konnte.

So war es schließlich die mangelnde Höhe über dem Wasser, die den Drachenschiffen als Kriegsschiffen den Todesstoß versetzte. Es ist bewiesen, daß die Drachenschiffe keine Erfolge gegen die Mittelmeergaleeren mit ihren zwei oder drei Reihen von Ruderern hatten. Auch in den nördlichen Meeren verloren sie ihre Überlegenheit gegen die Kaufmannsschiffe, als sich hier zwei Haupttypen des europäischen Handelsschiffes, die Hulk und die Kogge, entwickelten. Ende 1960 wurde die erste mittelalterliche Kogge aus der Weser bei Bremen geborgen. Sie war ein großes breites Schiff, 23,5 m lang und 7,30 m hoch. Die Koggen waren langsam und schwerfällig. Im Vergleich mit den rennbootartigen Drachenschiffen glichen sie schweren Lastwagen. Aber mit ihren mauerartigen Schiffsseiten waren sie wie schwimmende Festungen, und im Nahkampf waren ihnen die niedrigen Drachenboote hoffnungslos unterlegen. Die Schiffsbauer der Wikinger versuchten diesen Nachteil auszugleichen, indem sie an Bug und Heck Plattformen errichteten, damit ihre Krieger auf gleicher Höhe kämpfen konnten. Die Erbauer der Koggen antworteten darauf mit der Errichtung kleiner Festungen an Bug und Heck. So war das gefürchtete Drachenschiff der Wikinger plötzlich nutzlos geworden, und im Jahre 1304 wurde die gesamte dänische Flotte, etwa 1100 Langschiffe mit 40000 Mann Besatzung, umgerüstet auf den Typ der Kogge. Von dieser Zeit an war die schwerfällige Hulk die unbestrittene Herrscherin auf den Seefahrtsrouten der Hanseaten, die von den Wikingern erschlossen worden waren.

Die Wirkung des Christentums auf die Wikinger ist sehr viel schwerer abzuschätzen als die Wirkung des Niedergangs der Drachenschiffe. Gegen Ende des Wikingerzeitalters waren die Skandinavier praktisch noch das einzige heidnische Volk in Europa. Ihre kriegerischen germanischen Vettern auf dem Festland hatten sich während der Völkerwanderungszeit alle zum Christentum bekehrt. Die Angelsachsen, die sich in England niedergelassen hatten, wurden durch den hl. Augustinus im frühen 7. Jh. bekehrt. Die Sachsen auf dem Festland wurden gegen Ende des 8. Jh. durch Karl den Großen mit Gewalt und oft sehr grausam zum Christentum gezwungen.
Die skandinavischen Länder widerstanden dem Christentum noch für etwa zwei Jahrhunderte. Das lag nicht daran, daß sie antichristlich eingestellt waren. Im Gegenteil, sie waren sehr duldsam gegenüber anderen Religionen, obwohl ihnen das Gegenteil vorgeworfen wird, und sie machten keinerlei Versuche, andere Menschen zu zwingen, ihre eigene heidnische Vielgötterei anzunehmen.

Die blutige Hinrichtung König Edmunds von Ost-England durch die dänischen Eroberer und seine anschließende Heiligsprechung waren für die Entwicklung des Christentums von großer Bedeutung. Allerdings spielten bei dieser Episode besondere Um-

Oben: Ausschnitt aus einem Teppich des 12. Jh. aus der Kirche in Skog, Häslingland, Schweden. Der Teppich zeigt den Kampf zwischen Christen- und Heidentum. Drei Priester läuteten Glokken, um die bösen Geister zu vertreiben, die anderweitig in der Stickerei durch heidnische Götter dargestellt sind.
Rechts: Die wundervoll erhaltene Stabkirche aus dem 12. Jh. in Fagusnes, Borgund, Norwegen. Man glaubt allgemein, daß die Stabkirchen über heidnischen Tempeln errichtet wurden. Hier werden Kreuze und Drachenköpfe benutzt, um die Kirche vor den Mächten der Finsternis zu schützen. Obwohl die heidnischen Götter in die wildesten und verlassensten Gegenden verbannt waren, glaubte man doch, daß sie eine ständige Bedrohung für das Wohlergehen der Menschheit darstellten.

Unten: Statue des hl. Olaf, des Schutzpatrons von Norwegen, aus dem 13. Jh., gefunden in Gotland. König Olaf Haraldsson von Norwegen ist die Bekehrung Norwegens zum Christentum zu verdanken. Er starb 1030 als Märtyrer und wurde später heiliggesprochen.
Unten rechts: Der Tod Olafs des Heiligen in der Schlacht von Stiklestad im Jahre 1030. Eine Illustration der Sammlung isländischer Sagen aus dem 14. Jh., dem sogenannten Flateyjarbok. Verziert ist die Initiale am Beginn der Erzählung vom hl. Olaf, die in der ersten Hälfte des 13. Jh. entstand.
Unten, ganz rechts: König Olaf Tryggvason, einem früheren königlichen Missionar, der im Jahre 1000 starb, mißlang zwar die Bekehrung Norwegens, aber er bekehrte verschiedene auswärtige Kolonien der Nordmänner. Diese Handschrift der Sage von Olaf Tryggvason erzählt von seinen legendären Heldentaten, der Tötung eines wilden Bären und eines Seeungeheuers.

stände mit, und zwar der Wunsch nach Rache bei den Söhnen von Ragnar Lodenhose für den Tod ihres Vaters in einer Schlangengrube in York. Im allgemeinen hielten es die Wikinger, praktisch wie sie waren, so, daß sie einerseits die Kirchenschätze raubten, wenn sie daran kommen konnten, und andererseits sich leichten Herzens durch die vorläufige Taufe in die christliche Gemeinschaft aufnehmen ließen, wenn ihnen das, wegen ihrer Tätigkeit als Handelsleute, notwendig erschien. Die isländische *Egil-Saga* sagt darüber: „Es war zu dieser Zeit, sowohl für Kaufleute wie für Söldner, die unter den Christen lebten, durchaus üblich, daß sie sich der vorläufigen Taufe unterwarfen, um volle Gemeinschaft sowohl mit Christen wie mit Heiden haben zu können. Und daß sie dabei glauben konnten, was sie wollten, schien ihnen sehr praktisch zu sein." Der dänische Führer, der 886 mit König Alfred über die Teilung Englands verhandelte, nahm die Taufe als einen Teil des Vertrages an, und obwohl während des folgenden Jahrhunderts heidnische Wikingerkönige um den Thron von Northumbrien kämpften, blieb das Dänenland südlich des Humber friedlich beim Christentum.

Dänemark war das erste Ziel der Christianisierung, als das europäische Christentum sich bis an seine Südgrenzen vorgeschoben hatte. Ludwig der Fromme, der Sohn Karls des Großen, sandte den germanischen Missionar Ansgar nach Dänemark und später nach Schweden. Als Ergebnis seiner Reise wurden anspruchslose Kirchen in den bedeutenden Handelszentren, wie Hedeby und Ribe in Dänemark und Birka in Schweden erbaut, um für die christlichen Kaufleute in diesen Städten zu sorgen. In der zweiten Hälfte des 10. Jh. ließ sich König Harald Blauzahn von Dänemark taufen, die dänische Kirche wurde zu einem Teil der Diözese von Hamburg, und Dänemark stieg unter Haralds Sohn und Enkel, Sven Gabelbart und Knut d. Gr. zu einem mächtigen Reich auf. Haralds Vater, Gorm der Alte, war ein Heide, seine Mutter Thyri war eine Christin. Beide wurden in einem großen Grabhügel in der dänischen Königsgrabstätte bei Jelling beigesetzt. Doch jetzt ließ Harald die Leiber seiner Eltern in eine kleine Holzkapelle umbetten, wo er in der Nähe den berühmten Gedenkstein von Jelling errichtete. Der Stein war geschmückt mit einer Christusfigur und einem Tier im Kampf mit einer Schlange, er trug die Runen-In-

schrift: „König Harald, der Dänemark und Norwegen eroberte und die Dänen zu Christen machte, setzt diesen Gedenkstein für seinen Vater Gorm und seine Mutter Thyri."

Norwegen, auf dessen Thron Harald Blauzahn in seiner Inschrift Anspruch erhebt, zeigte gegenüber dem Christentum mehr Widerstand als Dänemark. Zwar hatten einige Herrscher im 10. Jh. es politisch für vorteilhaft oder tröstlich für ihre Seele gehalten, die Taufe anzunehmen, aber erst im letzten Viertel des Jahrhunderts wurde der wirkliche Versuch unternommen, das ganze norwegische Volk zu bekehren. Es war dies das ausgesprochene Ziel von König Olaf Tryggvason, der Norwegen in den fünf unruhigen Jahren zwischen 995 und 1000 beherrschte. Olaf war der Prototyp eines Seekönigs der Wikinger. Der Enkel von Harald Blauzahn war in Rußland aufgewachsen, hatte in seiner Jugend als Wikinger die Ostsee befahren und hatte um 990 in England mit den dänischen Truppen gekämpft. In England war er 994 zum Christentum übergetreten, entweder, wie es die Legende berichtet, bekehrt durch einen Einsiedler auf den Scilly-Inseln (südwestlich von Cornwall) oder im Tausch für den Empfang einer großen Summe Schutzgeld von den Engländern.

Mit diesem Geld, mit einer Armee und einem neuen Glauben war Olaf Tryggvasons Griff nach der norwegischen Krone unwiderstehlich. Er hatte sich die Ausbreitung des neuen Glaubens selbst zur Aufgabe gestellt und führte sie mit eiserner Konsequenz, die kein Widerstand brechen konnte, durch. Nach Berichten der späteren isländischen Geschichtsschreiber bekehrte er erfolgreich fünf Länder: Norwegen, die Shetlands, die Orkneys, die Färöer und Island. Zwar weiß man wenig über die Art der Bekehrung auf den nördlichen Inseln, doch setzte König Olaf sie auf Island sicherlich mit politischem Druck durch. Er schickte Missionare und Priester und unterstützte die wachsende christliche Partei Islands gegen die heidnischen Konservativen. An seinem Hof hielt er als Geiseln die Söhne bedeutender isländischer Heiden gefangen bis zu jener schicksalhaften Sitzung des isländischen Parlaments im Sommer des Jahres 1000, als die zwei Parteien beschlossen, ihren Streit einem Schiedsgericht zu unterwerfen und so den drohenden Bürgerkrieg und die Teilung ihres Landes zu verhindern. Der Schiedsrichter, obwohl selbst Heide, entschied sich im Interesse von Island für die Annahme des Christentums.

Der Ruf König Olafs, Norwegen bekehrt zu haben, war weit übertrieben, denn nach seinem Tod im Kampf im Jahre 1000 fiel das Land sehr schnell ins Heidentum zurück. Zwar gibt es unterschiedliche Meinungen über die geistige Qualität von Olaf Tryggvasons Glauben, doch man kann als sicher annehmen, daß Olaf als weitgereister Mann und ehrgeiziger Staatsmann die politischen Vorteile erkannt hatte, die eine Zugehörigkeit zur christlichen Gemeinschaft von Europa und das Wissen um die Macht der Kirche, die dahinter stand, für ihn bedeutete.

Ein anderer Olaf, Olaf Haraldsson, genannt Olaf der Kühne, der später der heilige Olaf wurde, hat mehr Anspruch darauf, Norwegen bekehrt zu haben. Er war ebenfalls ein freier Wikinger, und seine Familie hatte einen Anspruch auf den norwegischen Thron. Während seines Kriegsdienstes in der Normandie hatte er sich taufen lassen, und 1016 erkämpfte er sich seinen Weg auf den Thron. Olaf setzte, wenn nötig mit Gewalt, die Christianisierung in Norwegen fort. Diejenigen, die sich taufen ließen, wurden in die Freundschaft des Königs aufgenommen, diejenigen, die sie ablehnten, wurden verstümmelt, geblendet oder hingerichtet. Heidnische Tempel und Gebetsplätze wurden rücksichtslos dem Erdboden gleichgemacht. Zur gleichen Zeit baute er selbst Kirchen überall in Norwegen und regelte in einem festen Kirchenrecht deren Unterhalt und Verwaltung. In seiner Außenpolitik war Olaf jedoch weniger erfolgreich, zwar erreichte er ein Bündnis mit Schweden gegen Dänemark, doch wurde er mühelos von dem berühmten König Knut besiegt und ins Exil getrieben. Als Olaf versuchte, im Jahre 1030 zurückzukehren, wurde er im Kampf besiegt und getötet, später jedoch heiliggesprochen, als sich Wunderberichte im Zusammenhang mit seinem unverwesten Leib verbreiteten.

Die Schweden waren das letzte Wikingervolk, das das Christentum annahm. Zwar hatte schon im 11. Jh. ein schwedischer König sich taufen lassen, aber von seinem Volk folgten nur wenige seinem Beispiel. Der große Mittelpunkt des heidnischen Gottesdienstes in Uppsala wurde nicht vor dem 12. Jh. zerstört. Hier hatte ein Tempel gestanden, der nach dem Bericht des Adam von

Bremen „vollständig mit Gold bedeckt war", in diesem Tempel hatte das Volk seine Götter verehrt und in einem nahegelegenen Hain unheimliche Opfer dargebracht. Uppsala war der berühmteste heidnische Opferplatz in Skandinavien, und es ist bemerkenswert, daß die Historiker nur in Uppsala eine berufliche Priesterschaft unter dem Patronat des Königs annehmen. An anderen Plätzen war das Heidentum nur locker organisiert, und es fehlte ihm jede lehrmäßige oder institutionelle Macht, so daß es politisch bedeutungslos blieb. Deshalb kann auch in der Tatsache, daß Schweden das einzige Land Skandinaviens mit einer in gewisser Weise organisierten Religion am längsten dem Vormarsch des Christentums Widerstand leistete, kaum ein Zusammenhang gesehen werden.

Man muß sich fragen, ob sich durch die Bekehrung zum Christentum für die Wikinger oder für das Wikinger-Zeitalter irgendwelche bedeutenden Nachteile ergaben. Konnte das Ergebnis der Christianisierung eigentlich etwas anderes als nützlich sein? Wenn auch die allgemeine christliche Meinung diese Frage bejahen würde, so bleibt doch die Tatsache bestehen, daß der Vormarsch des Christentums zusammenfällt mit dem Beginn des Niedergangs der Wikinger im 11. Jh.

Das Christentum stürzte Skandinavien in den Strom der geistigen Entwicklung des mittelalterlichen Europa, mit dem die Wikinger unmöglich konkurrieren konnten. Sie besaßen nicht die wirtschaftlichen Möglichkeiten ihrer Rivalen, und als Volk hatten sie weder soziologische, politische oder religiöse Einrichtungen, die sich mit den Traditionen und den festen Einrichtungen der europäischen Reiche vergleichen ließen. Dort, wo die Wikinger vorher als Freibeuter und Unternehmer unübertroffen waren, dort wurden sie jetzt als Nation an die Wand gespielt.

Man könnte daraus schließen, daß die Wikinger immer nur Nehmende, niemals aber Gebende gewesen sind. Und in der Tat sind sie häufig so dargestellt worden, als ein Volk, das sich an den Leistungen der anderen mästete, selbst aber nichts gab. Doch eine solche Ansicht kehrt die Tatsachen praktisch um.

Abgesehen von ihren Wagnissen als Kaufleute, mit denen sie die Grenzen des Handels bis zu unerschlossenen Märkten vorschoben, hatten die Wikinger eine Reihe von Leistungen auf ihrem Konto, die Europa dauerhaft beeinflußten. So entwickelten sie in der Kunst den lebendigen Stil, in dem sich Kunstformen anderer Länder vermischten. Einige der schönsten Stücke aus Kirchenschätzen Irlands, wie etwa das herrliche Abtskreuz von Clonmacnoise, sind mit den lebendigen und kraftvollen Mustern des Ringerike-Stils geschmückt, der direkt aus Skandinavien stammt. Und die Illustrationen in einigen der berühmten englischen Handschriften zeigen eine glückliche Verbindung von Formen des Ringerike-Stils und des eleganten Winchester-Stils, während der Regierung des Königs Knut.

In der Wikingerkunst war nichts gewöhnlich oder einfach übernommen. Das Geschlinge von Tierkörpern und Ranken, das jeden Zentimeter der Fläche mit dynamischer Kraft ausfüllt, ist der genaue und persönliche Ausdruck der männlichen Kraft bei den Wikingern.

Die Anwesenheit der Nordmänner auf den Britischen Inseln spiegelt sich noch in Spuren von Ortsnamen und Worten. Obwohl die Sitten der Wikinger in gewisser Weise weniger hoch entwickelt waren als die ihrer Gastländer, besaßen sie doch einen grundlegenden Sinn für Demokratie, mit dem sie ihrer Zeit voraus waren. Es waren die Wikinger, die, seltsam genug, das Wort law – Gesetz in die englische Sprache einführten. Ebenso führten sie die Grundsätze von Schwurgerichten und Urteilssprüchen durch Mehrheitsbeschluß ein. Ebenso wie sie, wenn auch noch unausgebildete Grundsätze des Rechts mit sich brachten, führten sie eine gewisse Befreiung für die Stellung der Frau in der Gesellschaft ein, die bis dahin im angelsächsischen England unbekannt war.

Die Wikinger dehnten die Grenzen der bekannten Welt nach Norden und Westen aus. Die Isländer, die geborene Entdecker waren, erreichten Spitzbergen kurz vor 1170 und die Insel Jan Mayen im Jahre 1194, sie entdeckten und besiedelten Grönland und erforschten die Baffin-Insel und die Küste Nordamerikas.

In Island selbst schufen die Nachkommen der Wikinger-Siedler eine große Literatur, die als eine der bedeutendsten Leistungen des mittelalterlichen Europa gilt. In dieser Literatur sind eine heldische Sittenlehre und Beispiele heldischer Lebensauffassung bewahrt, die bei den folgenden Generationen Neid erweckten und aus der sich schließlich der schreckliche Ruf entwickelte, der den Wikingern von den christlichen Berichterstattern angehängt wurde.

Links: Die Schablone eines Schmiedes aus dem 10. Jh. zur Prägung von christlichen Kreuzen und Thors Hammer. Silberamulette waren in ganz Skandinavien verbreitet, und verschiedene Gräber beweisen, daß die Leute sowohl christliche wie auch heidnische Symbole trugen.
Unten links: Ein Grabstein aus dem 11. Jh. vom Friedhof der St.-Pauls-Kathedrale in London. In typischem Ringerike-Stil gemeißelt, spiegelt er den Einfluß der Wikinger während der Herrschaft König Knuts wider. Die Runen-Inschrift lautet „Ginne hat diesen Stein gesetzt und Toke ...“
Unten: Hauptansicht des massiven Jellingsteins vom dänischen Königsfriedhof in Jütland mit der Darstellung eines gekreuzigten Christus. Der Gedächtnisstein wurde etwa um 985 von dem ersten Christenkönig in Dänemark, Harald Blauzahn, zum Gedächtnis seiner Eltern errichtet.

Die große Leere

Schöpfung und Untergang in der Weltentstehungslehre der Wikinger

Am Anfang der Zeit
da war nichts,
weder Sand noch Meer,
noch eisige Wogen;
da war keine Erde,
da war auch kein Himmel,
kein Blatt vom Gras –
nur die große Leere.
aus *Völuspa* (Das Gesicht der Seherin)

Links: Die Ungeheuer der Finsternis. Detail eines Drachenkopfes des Mammen-Stils von einem Pferdegeschirr aus Jütland, entstanden im 10. Jh. In der Kosmologie der Wikinger waren die Götter dazu verurteilt, von den Mächten der Finsternis verschlungen zu werden.

Am Anfang der Welt war nichts, nur Chaos: ein Chaos der Extreme und der streitenden Gegensätze. Die Nordmänner nannten es Ginnungagap, die große Leere, den Abgrund der Leere. Aber diese Leere war nur scheinbar, sie war eine Täuschung, wie es das nordische Wort auch ausdrückt. Die Leere war nicht unbegrenzt, sondern begrenzt, sie war angefüllt mit einer überwältigenden geheimnisvollen Kraft und schwanger mit möglichem Leben. Die Nordmänner sahen die Schöpfung nicht als etwas schon immer Gewesenes oder als etwas plötzlich Entstandenes an. Für sie war die Schöpfung ein Prozeß von vorbestimmter Entwicklung, entstand das Leben aus dem vernichtenden Zusammenprall der gegensätzlichen Kräfte, Feuer und Eis, Licht und Dunkelheit, aber auch Gut und Böse.

Es ist unmöglich, einen systematischen Bericht der nordischen Weltentstehungslehre zu geben, denn die Schöpfungsmythen berichten nicht zusammenhängend oder übereinstimmend. Eine allgemein gültige Fassung ist nicht überliefert, sondern wir haben statt dessen in den mythologischen Liedern eine Anzahl von Vorstellungen, die sich teilweise sogar widersprechen. Heute ist diese Weltentstehungslehre nur noch ein schwaches Echo eines Themas, das nicht überlebte, eine einzelne Andeutung an eine Vorstellung, die vielleicht Gegenstand eines ganzen Zyklus von Liedern gewesen ist oder eine Geheimschrift, die sich in einem Bruchstück der Hofdichtung erhalten hat.

Ein sehr großer Bestand an mythologischen Stoffen muß verlorengegangen sein, bevor er niedergeschrieben werden konnte, denn eigentliche Literatur entstand in Skandinavien erst mit dem Beginn des Christentums. Alles, was sich erhalten hat, wurde lange nach diesem Ereignis in Island niedergeschrieben, wo das Christentum glücklicherweise duldsamer gegen heidnische Überreste war als an anderen Orten. Denn noch zwei Jahrhunderte nach ihrer Bekehrung hielten die Isländer die religiösen Überlieferungen ihrer heidnischen Vorfahren fest und wiederholten mündlich die Lieder über die alten Götter und Helden, bis sie im 13. Jh. niedergeschrieben wurden.

Die meisten der erhaltenen mythologischen Berichte und Hel-

Unten: Niflheim, die gähnende Leere im gefrorenen Norden. Den Autoren der nordischen Kosmologie war alles über die Schrecken des Nordeises bekannt. „Niederwärts und nordwärts“ liegt für sie der Weg zur Hölle. Für die Nordmänner war die glühende Hitze der christlichen Hölle das kleinere von zwei Übeln, und die Kälte, die den Willen lähmte, war der wahre Feind.

denlieder waren in einer großen Sammlung von 39 Gedichten zusammengefaßt, die als die Ältere oder Dichterische Edda bekannt ist. Das Manuskript selbst, genannt Codex Regius, wurde in Island um das Jahr 1270 geschrieben nach einer heute verlorenen Zusammenstellung, von der man annimmt, daß sie gegen 1225 entstand. Die Lieder selbst jedoch sind sehr viel älter. Die Heldenlieder, von denen wir im letzten Kapitel dieses Buches sprechen, haben ihren Ursprung in der Welt der germanischen Legenden der Vor-Wikingerzeit. Alle sprachkundlichen und literarischen Beweise deuten darauf hin, daß ein Großteil dieser Dichtung, sowohl der Heldenlieder wie der mythologischen Berichte, schon sehr alt waren, als sie im 13. Jh. niedergeschrieben wurden, und daß einiges in dieser Dichtung noch älter war als die Besiedlung Islands im 9. Jh. Die mythischen Lieder, von denen zehn in der Älteren Edda enthalten sind, waren keine Preisgesänge auf die Götter. Einige von ihnen waren Lehrgedichte, in denen heidnischer Glaube und überliefertes Wissen dargestellt wurde in Form dramatischer Zwiegespräche zwischen Göttern und Giganten, über

Schöpfung und Ende der Welt. Andere Lieder berichten in erzählerischer Form über die Götter und ihre Abenteuer. Es sind Berichte, die die menschliche und oft humorvolle Seite der Götter hervorheben.

Das inhaltsreichste und wichtigste aller mythischen Gedichte ist die *Völuspa* (Das Gesicht der Seherin), das in Island gegen Ende der heidnischen Periode, vielleicht auch nach der formellen Bekehrung zum Christentum, zusammengestellt wurde. In diesem Gedicht teilt eine Seherin Odin das Schicksal der Götter mit.

Der einzige Versuch, einen zusammenhängenden und systematischen Bericht über die Weltentstehungslehre der Nordmänner zu geben, wurde ebenfalls in Island im 13. Jh. gemacht, und zwar in der sogenannten Prosa-Edda, die um das Jahr 1220 von dem großen isländischen Historiker und Gelehrten Snorri Sturluson geschrieben wurde. Snorris Edda ist in Wirklichkeit ein Handbuch für Dichter, niedergeschrieben, um die alten literarischen Techniken der Vorfahren zu lehren und um die heidnischen Anspielungen zu erklären, die sich in ihrer Dichtung finden. Der mythische Stoff ist in einer langen, mit alter Dichtung angefüllten Lehrerzählung enthalten, die *Gylfaginning*, die Bezauberung des Gylfi, genannt wird. Snorri benutzt für seine Erzählung eine literarische Form, wie sie in manchen der originalen mythischen Lieder verwendet wird. Die Geschichte erzählt von dem legendären schwedischen König Gylfi, der in Verkleidung zur Götterburg reiste, um den Allvater Odin, der in Gestalt einer heiligen Götterdreiheit gezeigt wird, über den Anfang der Welt und das Schicksal der Götter und Menschen zu befragen. Snorris Quellen waren in der Hauptsache die mythischen Lieder, von denen viele in der Älteren Edda erhalten sind, doch einige seiner Quellen sind in der gleichen Form an keiner anderen Stelle überliefert. Es ist jedoch wichtig, sich daran zu erinnern, daß es Snorris Ziel war, dem Leser beim Verständnis der alten Dichtung und der alten Mythen zu helfen. Snorris Interesse an den Mythen war wesentlich das eines Sammlers, und obwohl er als Gelehrter gewissenhaft arbeitete, sind ihm bei der Er-

klärung der Mythen teilweise Fehler unterlaufen, wie sie bei einem belesenen christlichen Gelehrten nahelagen. Auch heute müssen wir uns, genau wie es Snorri Sturluson tat, mit den verschiedenen Quellen herumschlagen, um die Umrisse der nordischen Weltentstehungslehre zu erklären.

Es scheint, daß Ginnungagap, die große Leere, aus zwei völlig verschiedenen Regionen bestand: einer Region der Dunkelheit und der Eisnebel im Norden, genannt Niflheim, später auch als Reich des Todes bekannt, und einer Region des Feuers und der Flammen im Süden, genannt Muspell, die zur Heimat der künftigen Weltzerstörer wurde, die von dem Feuerriesen Surt angeführt wurden (nach dem die neue Vulkaninsel vor Island den Namen Surtsey erhielt). Die elf Flüsse von Niflheim gefroren zu Eis, und Schwaden von Eisnebel wogten auf und breiteten sich über alles in Ginnungagap: „Und Ginnungagap, das im Norden lag, war erfüllt von einer drückenden Last von Eis und Frost, gemischt mit Wolkenbrüchen, während der Südteil von Ginnungagap in gleißendes Licht getaucht war mit funkelndem Feuer und glühender Asche, die aus Muspell herausgeschleudert war." Als das Feuerland des Südens mit den Eiswüsten des Nordens zusammenstieß, schmolz das tödliche Eis von Niflheim, und die Eiswasser formten die Gestalt des ersten Lebendigen, einen furchterregenden Riesen, genannt Ymir, den Vorfahren aller bösen Riesen. Ymir war Mann und Weib zugleich; als er in seinem Schlaf schwitzte, entstanden ein Mann und eine Frau aus der Achsel seines linken Arms. Es waren nach dieser Lesart die Vorfahren der Menschheit. Mit seinem linken Bein erzeugte Ymir einen sechsköpfigen Sohn nach dem anderen, die Vorfahren der Eisriesen.

Ymir enthielt seine Nahrung von einem anderen aus dem schmelzenden Eis entstandenen Geschöpf, einer Kuh, genannt Audumbla, aus deren Euter vier Milchströme flossen, um die Riesen zu ernähren. Um sich selbst zu ernähren, leckte die Kuh an salzigen Eisblöcken: „Als sie den Eisblock am ersten Tag leckte, erschien gegen Abend aus ihm das Haar eines Mannes, am zweiten Tag der Kopf des Mannes und am dritten Tag der vollständige Mann." Dies war Buri, der Ahnherr der Götter.

Jetzt war die Bühne bereit für die Erschaffung der Welt. Buri, der Name bedeutet ‚Geboren', hatte einen Sohn, der eine Riesin heiratete, und ihrer Verbindung entstammt der erste dreigestaltige Gott, Odin und seine zwei Brüder. Diese drei kämpften mit Ymir und töteten ihn. Sie trugen seinen Leichnam in die Mitte von Ginnungagap und bildeten daraus die Welt. Aus seinem Fleisch machten sie das Land, aus seinen Knochen die Gebirge und aus seinem Blut die Seen und das Meer. Aus seinen Zehen und Zähnen machten sie Felsen und Geröll, während sein Haar die Bepflanzung bildete. Aus seiner Hirnschale schufen sie den Himmel, und sie warfen seine Augenbrauen in den Wind, um daraus die Wolken zu machen.

Der Himmel wurde an seinen vier Ecken durch vier Zwerge gestützt, die Nord, Süd, Ost und West hießen. Diese Zwerge waren Maden aus dem Leib des Ymir, denen die Götter jetzt Menschengestalt und Verstand schenkten. Nachdem die Welt erschaffen war, lebten sie in Felsen und Hügeln. Die Zwerge waren ein finsteres Geschlecht, listig und tückisch und Göttern und Menschen feindlich gesinnt. Sie waren aber auch hervorragende Handwerker, deren Kunstwerke später sehr begehrt waren.

Um den Kosmos zu vollenden, wurden die glühenden Funken und die Schlacken, die Muspell ausgeschleudert hatte, in Sterne und Himmelskörper verwandelt, deren Bewegungen die Götter ordneten. „Aus diesem Werk stammt die Unterscheidung von Nächten und Tagen und das Maß des Jahres." In einer anderen Überlieferung, die durch Snorri berichtet wird, gaben die Götter einer Riesin, genannt Nacht, und ihrem Sohn, dem Tag, je einen pferdebespannten Wagen und ließen jeden von ihnen 24 Stunden lang über den Himmel rund um die Erde fahren: „Zuerst fuhr die Nacht mit dem Pferd Hrimfaxi, das die Erde jeden Morgen mit Tau aus seinem Maul besprengte. Skinfaxi, das Pferd des Tages, erleuchtete Himmel und Erde mit dem Glanz seines Haares." In einem noch anderen Mythos eilen zwei blonde Kinder, Sonne und Mond, über den Himmel, weil jedes von ihnen von einem Wolf verfolgt wird, von dem sie vielleicht gefangen und gefressen werden.

Das Bild eines zweigeschlechtlichen Urriesen, der erschlagen wurde, um die Welt zu erschaffen, ist uns aus anderen Mythen vertraut. Etwa aus der Geschichte von Zeus und seinen Brüdern, die Kronos erschlugen. Doch die Sage von Ymir wurzelt tief in der germanischen Vorgeschichte, wie es schon Tacitus berichtet: „In ihren alten Liedern, der einzigen Form, in der sie Geschichte berichten, preisen die Germanen Tvisto, einen aus der Erde ent-

Oben: Der legendäre Schwedenkönig Gylfi, verkleidet als müder Wanderer, befragt Odin über den Ursprung der Welt. Odin ist in dreifacher Gestalt als Trinität dargestellt. Illustration aus einem Manuskript der Edda des Snorri Sturluson aus dem 14. Jh.
Links: Vergoldete Bronzescheibe, Sinnbild der Sonne, von einem pferdebespannten Sonnenwagen aus der frühen Bronzezeit, etwa um 1000 v. Chr., der in einem Torfgrab in Trundholm auf Seeland gefunden wurde. Nach Snorri Sturluson wurde die Sonne tagsüber von einem Pferdegespann über den Himmel gezogen.

standenen Gott, und sie gesellen ihm einen Sohn, genannt Mannus bei, den Begründer ihrer Rasse." Ähnlich kann das Bild der lebenspendenden Ur-Kuh verglichen werden mit der ägyptischen göttlichen Himmelskuh Hathor.

„Woher aber stammen die Menschen, die die Erde bevölkern", so fragt Gylfi in dem Lied *Gylfaginning*. (Er hat offenbar niemals von Ymirs fruchtbaren Achselhöhlen gehört und erhält jetzt eine andere Version.) Nach dem Bericht von Snorri war die Erschaffung der Menschen die andere große Tat von Odin und seinen zwei Brüdern. Als die Götter eines Tages am Ufer des Meeres entlang schlenderten, fanden sie zwei Bündel Treibholz, sie nahmen sie und schnitzten daraus Gestalten von Menschen. Der erste Gott Odin gab ihnen Leben und Seele, der zweite gab ihnen Verstand und Gefühl, und der dritte gab ihnen Sprache, Gehör und Gesicht.

Nach der Erschaffung der Menschen wiesen die Götter ihnen einen Platz zum Leben zu. Die Erde war in der germanischen Vorstellung eine flache Scheibe, die von einem mächtigen Ozean umflossen wurde, ähnlich dem Okeanos der griechischen Sage. Am jenseitigen Ufer dieses Ozeans wiesen die Götter ein Land, genannt Jötunheim, den Riesen zu. In der Mitte der Weltscheibe bauten sie eine Festung für die Menschheit, genannt Midgard, die gegen die Riesen durch eine Palisade geschützt war, die aus Ymirs Augenbrauen gebildet war. Schließlich bauten die Götter ihren eigenen Platz, genannt Asgard, eine Burg auf einem Felsen in der Mitte von Midgard, gesichert durch eine große Mauer und mit der Erde durch den Regenbogen, Bifröst, verbunden. Asgard war ein wundervoller Ort, geschmückt mit Hallen und goldenen Palästen, der Olymp des Nordens.

Das Bild der Welt, das hier gezeigt wird, ist das einer aus konzentrischen Kreisen bestehenden Scheibe. In der Mitte befand sich Asgard für die Götter, dann Midgard für die Menschen, dann der Ozean und am jenseitigen Ufer Jötunheim, die Heimat der Riesen. Obwohl die Welt als Scheibe gedacht war, hatte sie doch drei Ausdehnungen: Asgard oben, Midgard in der Mitte und Niflheim unten, als das Reich des Todes.

Alle diese Reiche wurden durch den Weltbaum Yggdrasil zusammengehalten. Er war „der größte und schönste aller Bäume", eine mächtige Esche und das größte Heiligtum der Götter. Hier

Links: Der Weltenbaum Yggdrasil mit einem Hirsch, der seine Blätter abäst. Relief von der inneren Seitenwand der Stabkirche von Urnes, in Sogn, Norwegen. Der Hirsch scheint wiederum von der Schlange Nidhögg angegriffen zu werden, die in seinen Hals beißt. An den Wurzeln des großen Lebensbaumes fand ein fortwährender Kampf auf Leben und Tod statt, und der Zustand des Baumes spiegelt den Zustand der Welt wider.
Unten: Norden, Süden, Osten und Westen, die vier Zwerge, die den Himmel an seinen vier Ecken aufrecht halten. Dieser Ausschnitt von einem Relief aus einem Hügelgrab der Wikingerzeit in Haysham in Lancashire, England, zeigt zwei der Zwerge, wie sie mit ihrer Last kämpfen.

saßen die Götter täglich zu Rate. Yggdrasil war der Mittelpunkt des Universums, seine Zweige reichten bis zum Himmel, breiteten sich über der Erde aus, und mit drei Armen wurzelte er in den drei Reichen. An seinem Fuß lag der Brunnen des Schicksals, die Quelle alles Wissens, bewacht von den drei Nornen, die das Schicksal aller Lebenden bestimmten. Ein Adler nistete in den äußersten Zweigen, seine Wurzeln waren umschlungen von der Schlange Nidhögg, mit der der Adler im Streit lag. Ein Eichhörnchen, Ratatosk, lief den Baum auf und ab, um Mißtrauen zwischen den beiden auszustreuen, und vier Hirsche ästen sein Laub und seine Rinde.

Der Baum Yggdrasil hielt den Bau des Universums zusammen, ein lebendes und fühlendes Sein, aber er stand immer unter schrecklichem Druck. „Die Esche Yggdrasil ertrug Leid, mehr als Menschen sich vorstellen können." Sein Stamm war faulig und quälte ihn, obwohl die Nornen seine Wurzeln mit dem heilenden Wasser aus dem Brunnen des Schicksals besprengten. Yggdrasil spiegelt den gefährlichen Zustand der Welt, einer Welt, die von Anfang an fehlerhaft und zum Untergang verurteilt war.

Im Schicksalsglauben der nordischen Geisteswelt ist das Wissen eingeschlossen, daß die Welt vom Beginn an zum Untergang verurteilt ist. Schon während der Weltschöpfung wurde die Saat der Zerstörung ausgestreut. Dieser Weltuntergang wurde zusammengefaßt in der Vorstellung von Ragnarök, dem Untergang der Götter. In einigen fehlerhaften Quellen ist das Wort verfälscht in Ragnarökkr, das bedeutet „Götterdämmerung", eine völlig falsche Bedeutung.

Im „Gesicht der Seherin" und den anderen Quellen ist Ragnarök immer als ein Geschehen zu Zeiten der Götter gesehen. Am Anfang der Zeiten erschienen die Götter strahlend und schuldlos. Aber Odins Mutter war eine Riesin gewesen, und in ihrem Blut schlummerte der Verfall. Die Welt, die die Götter geschaffen hatten, war immer ein unsicherer, verwundbarer Platz, umringt von schrecklichen Kräften der Zerstörung, mit denen sie auf ewig verbunden war. Der Halbgott Loki verkörpert das Böse in der Welt der Götter, er hatte Schreckenswesen erschaffen, die die Zukunft der Welt immer bedrohten: die Weltschlange Midgardsorm, die in den Tiefen des Ozeans hauste, und den unheimlichen Wolf Fenrir, der gefangen in einer Höhle in der Unterwelt lag. Die Riesen von Jötunheim jenseits des Ozeans waren eine ständige Bedrohung der Vorherrschaft der Götter und der göttlichen Weltordnung. Über alle aber herrschte das unerbittliche Schicksal, gegen das selbst die Götter machtlos waren.

Die Götter waren in keiner Weise schuldlos. Sie logen, schmiedeten Ränke und betrogen, sie kämpften gegeneinander in einem weit zurückliegenden Krieg, der zwischen den beiden göttlichen Stämmen, den Asen und Vanen, ausgetragen wurde und in einem Waffenstillstand endete. Doch die Mauern von Asgard waren bei diesem Krieg zerstört worden, und als die Götter einen geschickten Schmied anstellten, einen Abkömmling der Riesen, die Mauern zu erneuern, ermordeten sie ihn, statt ihm den vereinbarten Lohn auszuzahlen.

Das „Gesicht der Seherin" ist die einzige mythische Quelle, die Ragnarök als das Ergebnis der Verderbtheit der Götter ansieht. Der Dichter, ohne Zweifel durch christliches Denken beeinflußt, zeigt Ragnarök als Gericht über die Götter. Er stellt Bruchstücke von Mythen über die Jugend der Götter zu einer Reihe von Ereignissen zusammen und schafft eine Welterzählung von Unschuld und Untergang, in der Ragnarök die unausweichliche Folge von moralischem Verfall ist. Die anderen Quellen, weniger ausgebildet und geordnet, sehen Ragnarök einfach als Schicksalsbestimmung, unbarmherzig und vorbestimmt, mit anderen Worten als Tag des Untergangs. Odin, der Göttervater, sucht heimlich Kenntnis über die Zukunft zu gewinnen, obwohl er weiß, daß er das Schicksal nicht ändern oder den drohenden Untergang nicht abwenden kann, sosehr er auch versuchen mag, den Ausgang zu verändern.

Der Höhepunkt wird eingeleitet durch den Tod von Odins Lieblingssohn, dem schimmernden Gott Baldur, der durch Lokis List getötet wird. Odin steigt in die Unterwelt hinab, um die Wahrheit über die Zukunft von einer alten und längst gestorbenen Wahrsagerin zu erfahren, doch er erhält keine Gewißheit darüber. Im Weltgefüge bricht jegliche Ordnung zusammen. Es wimmelt von Unredlichkeit und Verrat, Brudermord und Blutschande regieren ungehindert:

Brüder wollen Kampf,
sie töten einander,
die Geschwisterkinder
begehen Böses.
Unheil ist in der Welt,
Unzucht erhebt sich;

Axtzeit, Schwertzeit,
Schilde bersten;
Sturmzeit, Wolfzeit
vor dem Weltenende.
Nicht Schonung will geben
ein Mann dem andern.

Jetzt bricht ein schrecklicher Winter herein, genannt der Fimbul-Winter. Er dauert drei Winter ohne einen Sommer dazwischen. Schneestürme rasen, der Frost schneidet wie Eisen, Schnee kommt von allen Richtungen. Der Wolf, der die Sonne verfolgt hatte, schnappt und verschlingt sie, auch der Mond wird so vernichtet, und die Sterne erlöschen am Himmel, Erdbeben erschüttern die Welt, Berge bersten. Alle Fesseln, die die Kräfte des Bösen in Schach hielten, brechen. Die Zwerge winseln vor den Toren ihrer Felswohnungen.

Der Fenrir-Wolf bricht aus seinem Gefängnis aus und erscheint mit klaffenden Kiefern, die vom Himmel bis zur Erde reichen. Die Weltschlange windet sich in Zuckungen, und das Meer überschwemmt das Land. Der Tod entweicht der Unterwelt, er überquert den Ozean in einem Boot, genannt Naglfari, das aus den Nägeln gestorbener Männer gemacht ist. Die Weltschlange erhebt sich aus den Tiefen des Ozeans und speit Gift. Die Himmel zerbrechen, und die Feuerriesen von Muspell stürmen von Süden heran, angeführt von Surt in einem Flammenkreis, dessen Schwert heller blitzt als die Sonne. Bifröst, die Regenbogenbrücke, zerbricht unter dem Gewicht dieses mächtigen Besuchers, und jetzt stellen sich alle die Gegner der Götter zum Kampf auf, Feuerriesen und Eisriesen, die Truppen des Todes, die Ungeheuer von Land und Meer.

Heimdall, der Wächter der Götter, steht auf und bläst schrille Töne auf seinem Horn, um die Götter zum Kampf zu rufen. Noch einmal geht Odin zum Schicksalsbrunnen, um Rat zu fragen. Der Weltenbaum Yggdrasil zittert und stöhnt, und Himmel und Erde sind erfüllt mit Schrecken.

Jetzt bewaffnen sich die Götter und stürzen hervor. Odin reitet an der Spitze seines Heeres gefallener Helden. Odin und Thor kämpfen gegen Lokis Unholde. Frey steht gegen Surt, Heimdall gegen Loki.

Der Kampf, der jetzt folgt, ist ein Bild des Schreckens und Gemetzels. Thor kämpft mit der Weltschlange und tötet sie schließlich. Doch bevor er neun Schritte gehen kann, fällt er tot nieder, überwältigt von ihrem Gift. Heimdall und Loki töten einander. Frey und Surt kämpfen lange, doch Surt gewinnt am Ende und erschlägt Frey. Der Fenrir-Wolf, dem Feuer aus Augen und Nüstern hervorbricht, verschlingt Odin, dann reißt Odins rächender Sohn seine Kiefer auseinander.

Alle alten Götter sterben in diesem Kampf. Die Welt zerbricht und birst in den Flammen, die von Surt entzündet sind. Die Erde versinkt im Meer, in einem Chaos von Feuer, Rauch und zischendem Dampf.

Dennoch ist dieser erschreckende Zusammenbruch nicht das Ende aller Dinge. Es ist ein immer wiederkehrendes Reinigungsgericht für Götter sowohl wie für die Menschen. Der Weltenbaum selbst bricht nicht zusammen, und in seinen Zweigen verbirgt er zwei überlebende Menschen, einen Mann und eine Frau, die die Erde wieder bevölkern werden, sobald sie grün und fruchtbar wieder aus der See auftaucht. Die Tochter der alten Sonne, noch leuchtender als ihre Mutter, nimmt den Platz am Himmel ein, und obwohl die alten Götter untergingen, starben nicht ihre Kinder, und zwei Söhne von Odin und zwei Söhne von Thor überleben, um das Haus der Götter, Asgard, neu zu erbauen:

> Aufsteigen sieht sie
> zum zweiten Mal
> die Welt aus dem Meer,
> mit neuem Grün.
> Die Wasser fallen,
> hoch fliegt der Adler
> auf vom Felsen,
> wo er Fische verschlingt...
>
> Es erscheinen wieder,
> selten und strahlend,
> goldene Spielsteine
> im saftigen Gras,
> die den Göttern gehörten
> in alten Zeiten.

Es beginnt jetzt ein goldenes Zeitalter heraufzuziehen. Der schimmernde Gott Baldur kehrt von der Unterwelt zurück, und es entsteht eine neue Rasse von Göttern, die wieder mit ihren goldenen Spielsteinen sich vergnügen:

> Sie sieht eine Halle
> leuchtender als die Sonne,
> gedeckt mit Gold,
> in Gimlé.
> Dort sollen die Götter
> in Unschuld wohnen,
> für immer leben
> ein Leben in Wonne.
>
> Dann soll der Mächtige
> kommen in sein Reich,
> der Starke von oben,
> der alles beherrscht.

Die fürchterlichen Schrecken des Weltunterganges und die Hoffnung auf eine schöne Zukunft sind eine fesselnde Vision. Das „Gesicht der Seherin" ist die einzige Quelle, die dieses weitgehend

Oben: Odin im Ragnarök-Kampf. Sein Erzfeind, der Fenrir-Wolf, schickt sich an, ihn zu verschlingen. Odin mit seinem Raben auf der Schulter versucht den Wolf, der gerade in sein Bein beißt, zu erstechen. Relief von einem Kreuz auf der Insel Man.
Links: Die Weltschlange, einer der großen Feinde der Götter. Schlangenförmige Brosche aus dem 7. Jh. aus Öland in Schweden. In sich selbst verschlungen, liegt sie in ihrem Schlupfwinkel in der Tiefe des Ozeans, der die Erde umschließt, und versteckt sich, bis sie aus den Tiefen am Ragnarök auftaucht, um Gift zu speien.

Die Ungeheuer von Ragnarök.
Unten: Drachenkopf von einem Pferdegeschirr aus dem 10. Jh., der in Dänemark gefunden wurde.
Oben rechts: Tierkopf vom Oseberg-Schiff. Es handelt sich um einen besonders bewegten Entwurf, da Drachenkopf und -nacken von einem nicht durchbrochenen Muster von beißenden und sich festkrallenden Tieren bedeckt ist.
Rechts: Der klaffende Rachen eines Ungeheuers. Darstellung an einem Schlitten, der im Oseberg-Schiff gefunden wurde. Gegen Feinde wie diese waren letztlich auch die Götter selbst machtlos.

christliche Bild eines besseren Lebens nach dem Tode entwirft. In den anderen Quellen ist Ragnarök das Ende von allem. Aber selbst im „Gesicht der Seherin“ klingt der Gedanke eines neuen Kreislaufs von Untergang und Zerstörung an, denn in dem letzten Vers des Gedichtes wird von einem dunklen Drachen gesprochen, der mit den Leibern der Toten in seinen Flügeln herniederschwebt.

In all den Bildern von Vernichtung und Untergang dieser Schau eines Weltuntergangs klingen vertraute Erinnerungen an andere Weltthemen an. Zur Gestalt Baldurs, des unschuldigen Opfers, der in die Unterwelt gehen mußte, finden sich Parallelen in vielen Mythen. Ebenso steht es mit der Vorstellung der Welt, die vom Meer verschlungen wird und dem flammenden Weltuntergang. Vernichtung ist der dunkle Gehalt in vielen religiösen Prophezeiungen.

Die nordische Kosmologie ist die einzige, in der ausdrücklich die Zerstörung der Götterwelt berichtet wird. Das kann durch Vorstellungen, die aus dem Christentum stammen, hervorgerufen sein. Der Grund dafür mag aber auch in der wesentlich nihilistischen Ethik der frühen germanischen Stämme zu suchen sein. Die Welt der Wikinger, trotz all ihrer Selbstbewußtheit und ungestümen Kraft, ist in gewisser Weise wurzellos. Die Vorstellung einer Ewigkeit war den Wikingern fremd, ihre Einstellung zum Tod war geprägt durch einen Fatalismus, der sich bis über das Grab erstreckte. Tod war für die Wikinger nicht ein Leben in ewiger Herrlichkeit oder Verdammnis, sondern ein gleichmäßig unerbittlich weitergehender Kampf, ein Kampf, von dem sie wußten, daß sie ihn nicht gewinnen konnten, ein Kampf, vor dem niemand fliehen und den niemand siegreich bestehen konnte. Daß die Wikinger auf ein Leben mit diesem ausweglosen Schicksalsglauben eingestellt waren und diesem einen so lebendigen und unzweideutigen Ausdruck geben konnten, das gibt für das Erkennen des Wesens der Wikinger den besten Maßstab ab.

Odin, der Allvater

Der Herr der Galgen und Herr der Erschlagenen

Die Nordmänner nannten ihre Götter die Asen (die Pluralform des Wortes áss, das bedeutet Gott), und ihre Religion wurde Asatru (das bedeutet Glauben an die Asen) genannt. Diese Gottheiten bildeten ein locker organisiertes Pantheon von Göttern und Halbgöttern, die für die verschiedensten Sorgen, Nöte und sozia-

Links: Die nordische Götterdreiheit – Odin, Thor und Frey, Detail eines gewebten Wandteppichs aus der Skog-Kirche in Hälsingland, Schweden, aus dem 12. Jh. Links der einäugige Odin, der eine Axt trägt, mit einer Wiedergabe des Baumes, an dem er gehangen hatte. In der Mitte Thor mit seinem Hammer in der rechten Hand und rechts der Fruchtbarkeitsgott Frey mit einer Kornähre.

len Einrichtungen der Nordmänner sorgten, die sie verehrten. Die meisten dieser Götter waren vor allem Kriegergötter. Darin spiegelt sich das große Selbstvertrauen im Wesen der Wikinger und ihr Erfolgsstreben bei allen Dingen, die sie in Angriff nahmen, sei es das Schwert des Abenteurers, der Pflug des Bauern, das Ruder des Seemanns, die Waage des Kaufmanns oder die Axt des Entdeckers. Neben ihnen gab es auch Götter und Göttinnen der Fruchtbarkeit, in denen sich die Vorstellung des Wachsens in der Natur verkörperte, von Leben und Tod; diese Gottheiten waren weit älter und ursprünglicher als die Götter der Wikingerzeit.

Der Unterschied zwischen diesen beiden Gruppen von göttlichen Wesen spiegelt sich in der Mythologie selbst und in der Art, in der die Mythologie durch Menschen wie Snorri Sturluson erklärt wurde. Die Asen waren eine besondere Art von Göttern, die ursprünglich aus Asaland (Asien) stammten, wo ihre Hauptstadt Asgard war. Ihre dortigen Nachbarn waren eine Rasse von Halbgöttern, die Vanen, die als Fruchtbarkeitsgötter verehrt wurden. In Urzeiten bestand Krieg zwischen den Asen und den Vanen. Es war ein erbitterter und unentschiedener Kampf, während dem die Mauern von Asgard zerstört wurden, doch keine Seite konnte den endgültigen Sieg erringen. So schlossen die beiden Götterstämme am Ende Frieden und tauschten Geiseln aus, und auf diese Weise geschah es, daß ein Fruchtbarkeitsgott wie Frey in Verbindung kam mit Kriegsgöttern wie Odin und Thor im Pantheon der Asen in Asgard.

Snorri Sturluson degradierte, wie es sich für einen christlichen Gelehrten geziemte, die heidnischen Götter zu alten Kriegshäuptlingen, um so einen unschuldigen Rahmen zu schaffen, innerhalb dessen er die Göttergeschichten ohne Affront gegen die Kirche berichten konnte. Seine Quellen berichteten ihm, daß die königlichen Familien aus Skandinavien ihre Herkunft von diesen Göttern abzuleiten suchten. Die Ynglings von Schweden schauten zurück zu Yngvi-Frey, dem Prototyp eines göttlichen Fruchtbarkeitskönigs, in dessen Reich es Frieden und reiche Ernten gab. Die Norweger und Dänen hingegen leiteten ihre Herkunft von kriegerischen göttlichen Vorfahren ab, wie Skjöld, dem Sohn Odins, der als Ahnherr der Scyldings galt. Die moderne Forschung neigt zu der Ansicht, daß sich in diesen Mythen uralte Erinnerungen des Volkes an Kämpfe zwischen Stämmen widerspiegeln, die verschiedene Gottheiten anbeteten. Auch hier handelt es sich um einen Krieg, der nicht in der Vernichtung der einen Gesellschaft endete, sondern in der kulturellen Verschmelzung der beiden Gesellschaftsformen.

Odin, Thor und Frey waren die bedeutendsten der Götter des nordischen Pantheons in der Zeit, als sich das Wikinger-Zeitalter seinem Ende zuneigte. Sie galten jedoch nicht als Götterdreiheit und traten auch nicht in dieser Reihenfolge auf. In den literarischen Quellen, besonders bei Snorri Sturluson, war Odin der oberste der Götter: „Odin ist der höchste und älteste der Götter. Er beherrscht alle Dinge und die anderen Götter, so mächtig sie auch sein mögen, gehorchen ihm wie Kinder ihrem Vater. Odin wird Allvater genannt, weil er der Vater aller Götter ist" (Gylfaginning).

Als Feststellung einer Tatsache ist dies sehr vereinfacht und auch mißverständlich, denn es ist offensichtlich, daß der Gottesdienst für Odin weit begrenzter war als die weitverbreitete Verehrung von Thor und Frey, und aus den Studien der Entwicklung der nordischen Mythologie aus den germanischen Ursprüngen ergibt sich klar, daß Odin keinesfalls der älteste der Götter war. Odin war vielmehr ein relativ junger Gott.

Die Felsritzzeichnungen der skandinavischen Bronzezeit zeigen uns einen ersten Schimmer von religiösen Vorstellungen in alten Zeiten. Manche dieser starren Szenen erwecken den Eindruck von religiösen Riten. Die Kulte galten vorwiegend männlichen Gottheiten, doch eine Anzahl von kleinen weiblichen Bronzefiguren, die gefunden wurden, könnten eine Erd- oder Fruchtbarkeitsgöttin darstellen. Da ist z. B. eine, die die Spitze ihrer rechten Brust umfaßt, ihre starrenden Augen sind aus Gold, und nach ihrer Haltung scheint sie einen Streitwagen oder Wagen gelenkt zu haben. Einige der Felsritzbilder scheinen die Hochzeit von Himmelsgottheiten zu schildern. Männliche und weibliche Figuren, die die Sonne oder andere Himmelskörper darstellen, sind abgebildet wie ein Hochzeitspaar, begleitet oder vielleicht bewacht von einer Figur mit einer erhobenen Axt.

Die beherrschende Figur solcher Zeichnungen ist eine große Gestalt mit ragendem Penis, die Speer oder Axt schwingt: es ist der Himmelsgott. Doch wer war dieser Himmelsgott? Der älteste schriftliche Bericht über germanische Religion wurde von Caesar in seinem De Bello Gallico in der Mitte des 1. Jh. v. Chr. gegeben.

In den Fruchtbarkeitskulten der skandinavischen Bronzezeit wurden häufig kleine Bronzefigürchen benutzt.
Ganz links: Kleine Fruchtbarkeitsgöttin in Bronze, nur 6 cm hoch, die in Faardal in Jütland gefunden wurde. Sie stammt aus der Mittleren oder Späten Bronzezeit. Ihre erhobene rechte Hand läßt vermuten, daß sie einen Wagen oder Karren lenkt. In dem Faardal-Schatz befanden sich auch verschiedene Tierköpfe und eine Bronzeschlange (unten), die vielleicht Teile ihre Wagens gebildet haben.

Ganz oben links: Junges Mädchen, das sich zu einem Rückwärtssalto beugt. Ihr wollener Minirock entspricht den Kleidungsstükken, die im Moor von Jütland erhalten blieben.
Oben: Frau, die eine Schale trägt. Bronzeverzierung an einem Messergriff aus Itzehoe, ebenfalls aus der Späten Bronzezeit.

Caesar schrieb über die Germanen am Rhein, und er bemerkt, daß die Germanen, anders als die Gallier, keine Druidenpriester hatten und auch kein Interesse an Opfern. Vielmehr verehrten sie nur solche Götter, die sie sehen und begreifen konnten, wie die Sonne, den Mond, den Vulkan oder das Feuer, und sie kannten andere Götter nicht einmal bei Namen. Dieser etwas fadenscheinige Bericht wird von der Forschung abgelehnt, weil Caesars Kenntnisse über die Germanen nur sehr gering waren.

Weit mehr zu dieser Frage bringt die 150 Jahre später geschriebene Germania des Tacitus, die auf Augenzeugen beruht und auf älteren Quellen, die heute verloren sind. Tacitus beschreibt ausführlich die Verehrung einer Erdgottheit oder Terra Mater, genannt Nerthus, die später, wobei sie ihr Geschlecht wandelt, in der nordischen Mythologie als Njörd, der Vater des Frey, erscheint. Tacitus erwähnt auch zwei Kriegsgötter, Merkur und Mars, die in anderen römischen Quellen gleichgesetzt werden mit Odin und einem Gott, genannt Tyr.

Es kann kaum ein Zweifel bestehen, daß Tyr der originale Himmelsgott war. In Germanien kannte man ihn als Tiwaz, in Angelsachsen als Tiw, und sein Name hat die gleiche etymologische Wurzel wie das Wort deus im Lateinischen und Zeus im Griechischen. Er ist der wirkliche indoeuropäische Allvater. Das Erscheinen des Wortes im Ortsnamen legt nahe, daß sein Kult in Dänemark besonders verbreitet war. Die klassischen Schriftsteller deuten an, daß Kriegsgefangene ihm geopfert wurden und daß einige Stämme ihn für den höchsten der Götter hielten. Die Römer setzten ihn gleich mit ihrem eigenen Kriegsgott Mars, und an beide wird man im Englischen und Französischen erinnert durch den Namen des dritten Wochentages Tuesday und Mardi, Tag des Tyr und Tag des Mars.

Im Zeitalter der Wikinger hatte Tyr jedoch längst seinen alten Platz als Allvater im nordischen Pantheon verloren und war auf einen relativ geringen Platz in der Rangordnung der Götter herabgesunken. Snorri Sturluson nennt ihn einen Sohn Odins, doch Erinnerungen an seine frühere Allgewalt haben sich erhalten, denn sein Name wurde bei den Dichtern noch als Wort für Gott benutzt. So war z. B. ein Sammelname für die Götter die Pluralform tivar, und Odin selbst war in einem seiner zahlreichen Beinamen bekannt als Hanga-tyr, der Gott der Gehenkten.

Snorri Sturluson beschreibt ihn in *Gylfaginning* folgendermaßen: „Da ist ein anderer Gott, genannt Tyr, er ist besonders streng und mutig, er entscheidet den Ausgang der Schlachten, und kühne Männer tun gut daran, seinen Namen anzurufen."

Das erstaunlichste Beispiel seines Mutes gab Tyr bei der Fesselung des Fenrir-Wolfes, von dem in späteren Schöpfungsmythen berichtet wird. Fenrir, einer der Unholde, die Loki geschaffen hatte, dem es bestimmt war, Odin am Ragnarök-Tag zu verschlingen, wuchs zusammen mit den Göttern in Asgard auf. Doch er wurde so groß und wild, daß keiner der Götter, mit Ausnahme von Tyr, es wagte, ihn zu füttern. Die Götter hatten eine Vorahnung von der Katastrophe, die dieses schreckliche Geschöpf verursachen sollte, und deshalb beschlossen sie, ihn so sicher zu fesseln, daß er niemals ausbrechen konnte. Zweimal näherten sich die Götter ihm mit Fesseln und forderten ihn wie im Spiel auf, zu versuchen, ob seine gewaltige Kraft diese Fesseln brechen könne, und zweimal zerriß der Wolf zu ihrem Entsetzen die Fesseln mit Leichtigkeit. Jetzt fürchteten die Götter, sie würden niemals in der Lage sein, ihn zu fesseln. Doch dann wurde von den Zwergen, diesen geschickten Handwerkern der nordischen Sage, eine dritte Fessel angefertigt. Es war ein Zauberband, gewebt aus allen geheimen und unsichtbaren Dingen der Welt: aus dem Miauen einer Katze, dem Haar einer Frau, den Wurzeln eines Berges, den Muskeln eines Bären, dem Atem eines Fisches und dem Speichel eines Vogels. Die Fessel war so sanft und schmiegsam wie ein Seidenband, und natürlich vermutete der Wolf eine Falle, als die Götter sich ihm näherten. Schließlich ließ er sich überreden, sich mit dem Zauberband fesseln zu lassen, jedoch nur unter der Bedingung, daß einer der Götter seine Hand in seinen Rachen lege als Zeichen des guten Willens. Die Götter waren darüber sehr entsetzt, aber endlich erklärte sich Tyr als Geisel bereit und legte seine rechte Hand in den Rachen des Wolfes. Nun ließ sich der Wolf mit dem Zauberband fesseln, doch dann mußte er entdecken, daß das Band sich immer fester zog, je mehr er sich bemühte freizukommen. In seinem Zorn biß er Tyrs Hand ab, doch am Ende war Fenrir gefesselt und konnte in eine tiefe Höhle in der anderen Welt eingesperrt werden, um dort zu bleiben bis zum Tag des Weltuntergangs Ragnarök. Durch diese Tat erhielt Tyr in der Dichtung den Namen ‚der Gott mit der einen Hand', und er sollte seinen Tod am Ragnarök-Tag erleiden in einem tödlichen Zweikampf mit einem anderen furchtbaren Wolf Garm, der den Weg in die Unterwelt bewachte.

Oben: Die riesige phallische Figur des Himmelsgottes Tyr, der seinen Speer über dem Schlachtfeld schwingt, beherrscht die Felszeichnung der Bronzezeit in Bohuslän in Schweden.

Links: Tyr, der ursprüngliche Himmelsgott der Germanenstämme, abgebildet auf einer Gußform für Helmplatten. Die aus dem 6. Jh. stammende Platte wurde in Torslunda auf der Ostseeinsel Öland gefunden. Sie stammt aus einer Serie von Mensch- und-Tier-Darstellungen, die das „Daniel-in-der-Löwengrube-Motiv“ genannt wurden, obwohl das gefesselte Tier mehr an den Wolf Fenrir denken läßt, den Tyr unter Verlust seiner eigenen rechten Hand in Fesseln legte.
Oben: Der neue Himmelsgott Odin ist in dieser Bronzefigur aus Linby, in der Landschaft Skane in Schweden, dargestellt, die aus dem Wikinger-Zeitalter stammt.

Odin, der Gott, der Tyr als Allvater im Pantheon der Wikinger ersetzte, war eine wesentlich vielfältigere Gottheit. Sein Name wird gewöhnlich in Verbindung gebracht mit dem alten isländischen Wort ‚odur', das bedeutet ‚wild, schrecklich, verrückt', und Adam von Bremen, der Schriftsteller des 11. Jh., umschreibt diesen Wortstamm mit dem Satz ‚Wodan, id est foror' – ‚Wodan, das bedeutet Raserei'. Sein Name, auf germanisch Wotan, auf angelsächsisch Woden, ist erhalten in dem englischen Wochentag Wednesday, so wie der Name seines römischen Gegenspielers Merkur erhalten ist in dem französischen Wochentag Mercredi.

Bei den heidnischen Dichtern von Island und Norwegen trägt Odin eine Menge anderer Namen, insgesamt etwa 170. Einige dieser Namen spiegeln seine dunkle und vielseitige Persönlichkeit wie ‚Übeltäter', ‚Herr der Galgen', ‚Vater des Sieges', ‚Wanderer', ‚der mit Tarnkappe Verhüllte', ‚der Einäugige', ‚der Allwissende', ‚der Herr der Erschlagenen' und ‚der Allvater'. Odin war der wichtigste Gott der Wikinger: der Gott des Krieges, der Gott der Listen, der Gott des Todes.

In der ungewöhnlichen, christlich beeinflußten Lobrede auf Odin in *Gylfaginning* heißt es: „Er lebt seit ewigen Zeiten, er ist Alleinherrscher seines Reiches und bewacht alle Dinge, große und kleine. Er erschuf Himmel, Gestirne und Erde und alles, was auf ihr ist, doch seine größte Tat ist, daß er den Menschen erschuf, und gab ihm eine unsterbliche Seele, die nicht stirbt, wenn der Körper zu Staub zerfällt oder zu Asche verbrennt." Diese tiefgeistige, literarische Vorstellung spiegelt den besonderen Platz, den Odin als Schutzherr der Dichter einnimmt. Mit seiner Tiefgründigkeit, Widersprüchlichkeit und Vielseitigkeit reizte Odin die Dichter mehr als jeder andere Gott, und das macht seine Vorherrschaft in der Götterwelt verständlich.

Es scheint, daß Odin zum Hauptgott der kriegerischen Germanenstämme während oder noch vor der frühchristlichen Zeit wurde. Im angelsächsischen England wurde Woden verehrt, als Ahnherr der Häuptlinge und oberster Gott. Hengist und Horsa, die legendären Begründer der englischen Nation, sollen von ihm abstammen, ähnlich wie nach dem Zeugnis von Beda Venerabilis fast alle Provinz-Könige. Eine Anzahl englischer Ortsnamen erinnert noch an den Odins-Kult: Wenslow in Bedfordshire bedeutet Wodens Grabhügel, Wednesfield in Staffordshire und Wensley in Derbyshire ist Wodens Hain.

Es ist zu vermuten, daß die Verehrung Odins in Skandinavien nicht bodenständig war, sondern sich recht langsam von Süden her ausbreitete und bis zur Wikingerzeit nicht bedeutend war. Doch es besteht kein Zweifel, daß er bei den germanischen Stämmen, mit denen die Römer zusammenstießen, als oberster Gott galt. Die Römer verglichen Odin mit Merkur. Tacitus schrieb: „Vor allen Göttern verehren sie Merkur, und um seine Gunst zu gewinnen, scheuen sie sich nicht, ihm an gewissen Tagen menschliche Opfer darzubringen." Tacitus berichtet auch über die grausigen Riten, die die Semnonen in geheiligten Waldlichtungen durchführten, wo Menschen als Opfer geschlachtet wurden für den obersten Gott (Regnator omnium deus) Wotan-Merkur.

Es gibt zahllose Berichte klassischer Schriftsteller über die Sitte der Germanen, Odin die Waffen der Feinde zu opfern. An diese Sitte erinnert auch ein Brauch aus Wikingerzeiten, wo ein Speer über die Schlachtreihe der Gegner geworfen wurde, bevor der Kampf mit dem Ruf ‚Ihr alle gehört Odin' begonnen wurde. Merkur und Odin waren beide ‚Seelenführer'. Im Jahre 105 v.Chr. brachten die Zimbern, die aus Jütland ausgebrochen waren, den Römern am Oberlauf der Rhone eine schwere Niederlage bei. Orosius beschreibt die Siegesfeier in seiner Weltgeschichte: „Der Feind eroberte beide Lager und machte große Kriegsbeute. In Erfüllung eines ungewöhnlichen Gelübdes begannen sie alles, was Gott in ihre Hand gegeben hatte, zu zerschlagen: Kleider wurden in Stücke gerissen und fortgeworfen, Gold und Silber wurde im Fluß versenkt, Waffen wurden in Stücke geschlagen, Pferdegeschirre wurden abgerissen, die Pferde selbst in die Strudel des Flusses getrieben, und alle Gefangenen wurden mit Halsschlingen an Bäumen aufgehängt. So gab es weder Beute für die Sieger noch Gnade für die Besiegten."

Hier blitzt die Vorstellung von Odin als Herr der Erschlagenen und Gott des Kampfes auf, ein grausamer Gott, der mit Menschenblut besänftigt werden mußte. Ein Beweis für solche Sakralmorde wurde 1950 im Tollundmoor in Jütland entdeckt, als dänische Archäologen auf eine Anzahl von Leichen aus der Zeit kurz vor Christi Geburt stießen, deren Fleisch durch das Moor mumifiziert war. Unter diesen war der berühmte Tollundmann, der nackt gefunden wurde, außer einem Hut, Gürtel und Mantel mit einem geflochtenen Lederstrick um seinen Hals. Er und verschiedene andere der Leichen waren rituell erdrosselt oder erhängt worden. Das erstaunlichste war, daß sich auf seinem Gesicht kein Ausdruck von Schrecken oder Furcht fand, so daß wir annehmen dürfen, daß er freiwillig in den Tod ging.

Tausend Jahre später notiert Adam von Bremen eine wichtige Beschreibung, obwohl sie aus zweiter oder dritter Hand stammt, über das große heidnische Opferzentrum in Uppsala in Schweden. Der dortige Tempel, so schreibt er, war Odin, Thor und Frey geweiht. Daneben stand ein großer Baum mit ausgedehnten Ästen, die im Sommer und Winter grün waren (sicher eine Erinnerung an den Weltenbaum Yggdrasil). Es war Brauch, hier in jedem neunten Jahr ein neuntägiges Fest für alle schwedischen Provinzen zu begehen. „Und so wurde geopfert: von jedem lebenden männlichen Geschöpf opferten sie neun Stück, und es war Brauch, mit dem Blut dieser Opfer die Götter zu besänftigen. Die Körper der Opfer hängten sie in den heiligen Hainen auf, die die Tempel umgaben. Dieser Hain ist in den Augen der Heiden so geheiligt, daß durch den Tod oder die Verwesung der Opfer in jedem Baum, wie sie glauben, göttliche Kraft lebt. An jedem Tag opfern sie,

Taten Odins, des listenreichen Kriegsgottes.
Links: Der stehende Mann im Oberteil des Bildsteins aus dem 11. Jh. wurde versuchsweise als Odin identifiziert, der seinen Speer dem alten Mann auf dem rechten Sitz darbietet. Es gibt verschiedene Mythen von Odin, in denen er in Familien Zwietracht sät. Man vermutet, daß der alte Mann der Gote Ermanerich ist, der seinen eigenen Sohn (auf dem linken Sitz) wegen eines angeblichen Ehebruchs mit Ermanerichs junger Braut Schwanhild tötete. Schwanhild ist als Schwan hinter dem jungen Mann dargestellt. In der Edda wurde Ermanerichs Sohn gehängt, eine häufige Opferform für Odin.
Unten: Odin auf seinem achtfüßigen Schlachtroß Sleipnir. Dies ist der oberste Bildstreifen des Gotlandsteins aus dem 9. Jh. Das linke Gebilde soll Walhalla, die Halle der Gefallenen, darstellen, wo Odins Helden kämpften und festeten, um sich auf den Weltuntergang vorzubereiten.

zusammen mit den anderen Lebewesen, einen Menschen, so daß sie im Laufe der neun Tage 72 Geschöpfe geopfert haben."

Die Zahl neun in diesem feierlichen Kult wird durch eine der rätselhaftesten Passagen in der Mythologie Odins erklärt. Es ist der Bericht von Odins eigenem feierlichen Aufhängen, wie es in einem der mythologischen Gedichte in der Älteren Edda, dem *Havamal*, geschildert wird. Die Stelle schildert das Selbstopfer Odins auf der Suche nach dem verborgenen Wissen um den Tod:

Ich weiß, daß ich hing
auf dem windigen Baum
durch neun ganze Nächte,
gespießt vom Speer
ein Opfer für Odin:
ich gab mich mir selbst
auf jenem Baum,
dessen Wurzeln
unbekannt für alle.

Sie gaben mir
weder Speise noch Trank;
in die Tiefe spähte ich,
ich ergriff die Runen,
schreiend ergriff ich sie
und fiel dann herab.

Der Baum war natürlich der Weltenbaum Yggdrasil und der Speer, von dem Odin verwundet war, war natürlich sein eigener Speer Gungnir. Dieser von Zwergen geschmiedete Speer bestimmte den Ausgang eines Kampfes je nach dem Weg, den er über das Schlachtfeld nahm. Die Runen, die der Gott aufgenommen hatte, enthielten die magischen Kenntnisse der verborgenen Dinge, die man nur vom Tod selbst erfahren konnte. Manche Kommentatoren haben christliche Parallelen in diesem mächtigen und dramatischen Bild gesehen. Das Bild des jungen Gottes, der an einem Baum das höchste Opfer erduldet, von einem Speer durchbohrt wird und im Todeskampf, im Augenblick der Erfüllung, laut aufschreit. Doch finden sich ähnliche Vorstellungen auch im Schamanismus und in Zauberkulten, wo der Eingeweihte bei seiner Suche nach Wissen schreckliche, selbst zugefügte Qualen zu erdulden hatte. Die Suche nach Wissen und Weisheit ist ein dauerndes Thema in der Mythologie Odins. Odin wollte den Männern, die am Galgen gestorben waren, Wissen entreißen, in dem er solche Runen schnitzte, die nur der Tod ihm sagen konnte. Er wollte in die Unterwelt gehen und gestorbene Sibyllen zum Sprechen zwingen; eine von ihnen verkündete ihm die Bestimmung der Welt, wie sie in dem Gedicht *Völuspa* beschrieben ist. Auch von seinen unversöhnlichen Feinden, den Riesen, wollte Odin Weisheit bekommen. Der klügste der Riesen war Mimir, der die Quelle der Weisheit bewachte, die an einer der Wurzeln des Yggdrasil-Baumes lag. Die Mythen von Mimir sind verwirrend. In seiner Jugend soll Odin zu Mimir gegangen sein und einen Trunk aus der Quelle der Weisheit verlangt haben, doch um diesen zu erlangen, mußte er eines seiner Augen opfern. Mimir soll auch eine der Geiseln gewesen sein, die die Asen am Ende des Götterkrieges zu den Vanen schickten. Später enthaupteten die Vanen Mimir, doch Odin hielt den Kopf in einer Kräuterbeize am Leben, so daß er ihm die Geheimnisse der Zukunft zuflüstern konnte. Auf seiner rastlosen Suche nach Zukunftswissen bewältigte Odin die dunkelsten Zaubereien, durch die er in die Zukunft sehen und Tod und Zerstörung erkennen konnte.

Odin suchte unablässig nach Informationen und Wissen. Von seinem Thron in Asgard konnte er die ganze Welt überblicken. Auf seinen Schultern saßen seine ständigen Begleiter, die zwei Raben Hugin und Munin. Snorri Sturluson schrieb: „Sie sitzen auf seinen Schultern und flüstern in sein Ohr jede kleine Neuigkeit, die sie sehen oder hören. Bei Sonnenaufgang schickt er sie auf einen Flug um die Welt, und sie sind bis zum Frühstück zurück. Dies ist der Grund für vieles von seinem Wissen, und deshalb nennen ihn die Menschen Rabengott."

Raben waren auch die Aasfresser des Schlachtfeldes, ähnlich wie der Wolf und der Adler, die anderen Symboltiere Odins. Sie führen uns zurück zu der ältesten Quelle der Odinsverehrung als Gott der Toten und Gott des Krieges. Aufgrund seines geheimen Zukunftswissens über den Untergang, der die Welt erwartet, nutzt Odin seine göttliche Gewalt über Leben und Tod, um ein Heer von auserlesenen Kriegern für den Endkampf am Ragnarök-Tag zu schaffen. So konnte sich die Gnade des Gottes selbst auf dem Schlachtfeld erweisen, seitdem Tod und Niederlage für die Erschlagenen bedeutete, daß sie zum Heer der Helden Odins stoßen würden. Dieser Wunsch nach einem Heer von Helden erklärt die

Vögel, ein häufiges Symbol in der Wikingerkunst, werden oft mit Odin in Verbindung gebracht.
Links: Berittener Krieger, vermutlich Odin, mit seinem Speer Gungnir, begleitet von zwei Vögeln, dem Raben Hugin (Verstand) und Munin (Gedächtnis). Die Raben brachten Odin die Neuigkeiten aus der ganzen Welt. Sie waren auch die Aasvögel des Schlachtfeldes. Das Bild stammt von einer Helmplatte des 7. Jh. aus dem Vendel-Grab in Schweden.
Unten links: Vogelähnliche Bronzemaske aus der Späten Bronzezeit, die wohl die Spitze einer Flaggenstange bildete.
Unten: Vogelklaue aus vergoldeter Bronze aus der Wikingerzeit, gefunden in Jelling in Dänemark.

Oben und rechts: Odins Vögel, ein paar goldbronzene Harnischgarnituren aus Gotland. Die übertrieben großen Schnäbel und Krallen verstärken den Eindruck der Wildheit bei den Adlern, die man häufig mit dem Kult Odins verbindet. Das Adlermotiv wurde bei Funden in verschiedenen Gebieten entdeckt, so auch bei dem Sutton-Hoo-Schiffsbegräbnis in England aus dem 7. Jh., wo angelsächsische Handwerker offensichtlich dieses schwedische Vorbild für ihre Entwürfe benutzten.

offensichtliche Tücke, mit der Odin Männer vernichtet, denen er den Sieg versprochen hatte, und er ist die Rechtfertigung der grausamen Ungewißheit des Krieges.

Der Tod auf dem Schlachtfeld war vorherbestimmt, und die edelsten und tapfersten Krieger wurden durch Odins Amazonenhelferinnen, die fliegenden Walküren, ausgewählt und nach Walhall, die Halle der Erschlagenen in Odins großem Palast in Asgard, geleitet. Walhall war ein großer Palast, dessen Bau ein wenig an das Kolosseum in Rom erinnert, mit nicht weniger als 640 Toren. Durch jedes der Tore konnten 960 Helden Schulter an Schulter einmarschieren. Speerschäfte bildeten die Dachsparren, goldene Schilde waren die Dachziegel, auf den Bänken lagen Panzerharnische, am westlichen Tor lauerte ein Wolf, und ein Adler schwebte über der Halle. Hier verbrachten die gefallenen Helden jeden Tag mit Spielen und Kämpfen gegeneinander. In der Kampfesfreude vergaßen sie alle früheren Feindschaften, und am Ende jedes Tages wurden die Toten und Verwundeten geheilt, so daß sie jede Nacht saftiges Schweinefleisch schmausen konnten, das von einem Eber stammte, dessen Fleisch nie zu Ende ging, und reichlich Met trinken konnten, das aus den Eutern einer Zauberziege stammte. Walküren bedienten in ihrer Freizeit die Helden mit schäumenden Metkrügen. Odin selbst saß getrennt von den Helden, er aß nichts, sondern gab all sein Essen seinen beiden Lieblingswölfen und trank selbst nur Wein.

Walhall war das Urbild eines Kriegerparadieses, eine endlose lärmende Orgie von Kämpfen und Festen, verbunden mit einer Andeutung von Callgirl-Erotik. Es war wesentlich ein Traumbild der Wikinger, und es ist kaum denkbar, daß es weit verbreitet war, außer in der speziellen Welt der Wikingerhäuptlinge und ihrer Gefolgsleute. In der Dichtung der Zeit ist Walhall verschwenderisch und glänzend beschrieben, aber diese Dichtung war nur für Eingeweihte bestimmt und geheimnisvoll wie der Lebensstil der Wikinger und ihr Glaube an Odin.

Odin war der Schutzgott der Dichtkunst, so wie er der Gott der Schlacht war, und diese zweite Haupteigenschaft Odins wird in einer Reihe anderer Mythen wiedergegeben. Dies erklärt, warum so viele Informationen über Odin überliefert sind, denn die Hofdichter des Wikingerzeitalters verbreiteten Odins Ruf unter den Menschen. Snorri Sturluson beschreibt, wie Odin seine Hand an den Zaubertrank der Inspiration legte. Diese Tat war begleitet von Lug und Trug wie so viele von Odins Unternehmungen. Die Geschichte beginnt mit dem Krieg zwischen den Asen und den Vanen. Als die beiden Götterstämme Frieden machten, besiegelten sie ihren Vertrag dadurch, daß sie in ein Gefäß spuckten. Aus diesem Speichel bildeten die Götter einen Menschen, er wurde Kvasir genannt und war der klügste aller Lebenden. Während seiner Reise durch die Welt, auf der er sein Wissen allen mitteilte, wurde er heimlich von zwei Zwergen ermordet. Sie füllten drei Gefäße mit seinem Blut, und dieses Blut mischten sie mit Honig und brauten daraus den Zaubertrank der Dichtung und des Wissens. Aus Rache für einen anderen Mord zwang später der Riese Suttung die Zwerge, wenn sie ihr Leben retten wollten, den Zaubertrank herauszugeben, den Suttung in seiner Gebirgswohnung aufbewahrte und unter die Aufsicht seiner Tochter Gunnlöd stellte. Jetzt betritt Odin die Erzählung. In einer seiner zahlreichen Verkleidungen nahm er Dienst bei Suttungs Bruder und forderte als Lohn einen Schluck von Suttungs Zaubertrank. Als Suttung das ablehnte, bohrte Odin ein Loch in den Berg, in dem der Zaubertrank aufbewahrt wurde, dann verwandelte er sich in eine Schlange und kroch durch das Loch. Kaum hereingekommen, verführte er Suttungs Tochter und liebte sie drei Nächte lang. Als Belohnung gewährte sie ihm drei Schlucke von dem Zaubertrank. In drei gewaltigen Schlucken leerte Odin die drei Gefäße des Zaubertranks und dann, während Gunnlöd in Tränen zurückblieb, verwandelte er sich in einen Adler und floh in Richtung Asgard. Suttung, wütend über diesen Diebstahl, verwandelte sich ebenfalls in einen Adler und begann eine hitzige Verfolgungsjagd. Als die Götter Odin näherkommen sahen, setzten sie Bottiche auf die Mauern von Asgard, und Odin, der schon Suttungs Hand an seinem Schwanz fühlte, erbrach den kostbaren Zaubertrank in die Bottiche, bevor Suttung ihn erreichen konnte. Eine reizende Anmerkung zu dieser Geschichte bemerkt, daß einiges von dem Zaubertrank aus den Bottichen spritzte und über die Mauern von Asgard fiel. Dies ist der weniger berauschende Trank der Inspiration, der für Dichterlinge und Schreiber von Knittelversen bestimmt ist.

Solcher Gestalt war der Gott, den die Dichter und ihre Schutzherren, die Wikingerhäuptlinge von Skandinavien, vor allen anderen verehrten. Er war ein in keiner Weise attraktiver oder sympathischer Gott, er war grausam, finster und launisch, er reiste weit durch die Welt in Verkleidung mit grauem Bart, einem blauen Rock und einem großen Schlapphut, einäugig und unheilstiftend. Überall, wohin er kam, säte er Streit und Zwietracht zwischen Königen und ihren Gefolgsleuten mit dem Ziel, eine reiche Ernte gefallener Krieger für Walhall zu gewinnen. Die moderne Psychologie könnte ihn einen Psychopathen nennen.

Doch was immer Odin auch tat, sein letztes Ziel war es, das schreckliche Schicksal abzuwenden, das, wie er wußte, der Welt der Götter und Menschen bevorstand. Kein Trick war zu listig, kein Kampf zu blutig, kein Opfer zu aufwendig für ihn, um der Welt gegen das kommende Verhängnis zu helfen, und deshalb steht Odin jenseits von menschlichen Vorstellungen von Gut und Böse.

Odin vermittelte seinen Gefolgsleuten einen dunklen und brodelnden Pessimismus, aber zugleich gab er ihnen den Mut, das Schicksal mit Achselzucken zu ertragen. In der Schlacht waren die Männer erfüllt mit wildem Kampfesmut, der sie anscheinend unempfindlich machte gegen Schmerzen und Wunden. Sie wurden zu Berserkern, die in die Ränder ihrer Schilde bissen, heulten und wie wilde Tiere fochten. Seinen fürstlichen Verehrern, wie König Erich Blutaxt aus Norwegen, offenbarte Odin jene Fähigkeiten, die nötig waren, um ein erfolgreicher Wikingerabenteurer zu sein, er lehrte ihn tapfer, skrupellos, listig und mörderisch zu sein. Als Erich Blutaxt, nachdem er den nordischen Thron in York besetzt hatte, 954 in einer Schlacht in England fiel, da wurde ihm ein besonderer Empfang in Walhall zuteil.

Odin hatte eine Frau, genannt Frigg, deren Name sich in dem Wochentag Freitag erhalten hat. Ursprünglich scheint Frigg mit Jörd (Erde) verwechselt worden zu sein, ihr Name wird mit dem alt-isländischen Wort Frja, das bedeutet „lieben“, in Verbindung gebracht, und Frigg war die Göttin der Häuslichkeit und ehelichen Liebe. Das bedeutet nicht, daß sie ein Muster an Treue war. Im Gegenteil, ihre Moral wird als sehr locker beschrieben, und sie freute sich an ständigen Streitereien mit ihrem Ehemann, in denen sie meistens auch siegte. Ein Beweis für einen besonderen Kult der Frigg in Skandinavien ist nicht gefunden worden, aber ihre Stellung in der Hierarchie der Götter als Frau von Odin und Mutter der Götter läßt vermuten, daß sie als Erdmutter in der germanischen Mythologie schon sehr alt war.

Sturm und Ernte

Thor, Frey, Freyja: Die Götter der Erde und des Himmels

Odin wurde zwar von den Sängern des Wikinger-Zeitalters als Allvater dargestellt, doch die am meisten verehrte Gestalt des nordischen Götterhimmels war nicht Odin, sondern Thor.

Thor (germanisch Donar) war vor allem der Blitz- und Donnergott, ähnlich wie Zeus und Jupiter, mit denen die Römer ihn gleichstellten. Der Donnerstag erinnert noch heute an ihn. Thor war der Gott des Himmels, der Herr über Sturm und Unwetter und der Schwinger des Blitzstrahls. Man stellte ihn sich vor als großen rothaarigen Mann mit rotem Bart, vorstehenden roten

Links: Der Sogne-Fjord in Norwegen in dramatischer Beleuchtung, die Sonne bricht durch Gewitterwolken, die man mit Thor, dem Donnergott, in Verbindung bringt.

Rechts und unten: Thor ist ein Gott, der weit besser zu verstehen ist als die Gestalt des geheimnisvollen Odin. Er übte große Macht unter den Göttern aus, und sein kraftstrotzendes Wesen machte ihn zum Liebling des einfachen Volkes der Wikingerzeit. Die Bronzefigur (unten) aus dem 10. Jh. aus Island zeigt Thor in seiner charakteristischen Haltung, wie er seinen Hammer umfaßt. Weniger leicht zu deuten ist die Bernsteinfigur (rechts) aus der Wikingerzeit, die in Dänemark gefunden wurde. Sie zeigt eine ähnliche Haltung und mag deshalb ebenfalls eine Darstellung des Gottes Thor sein.

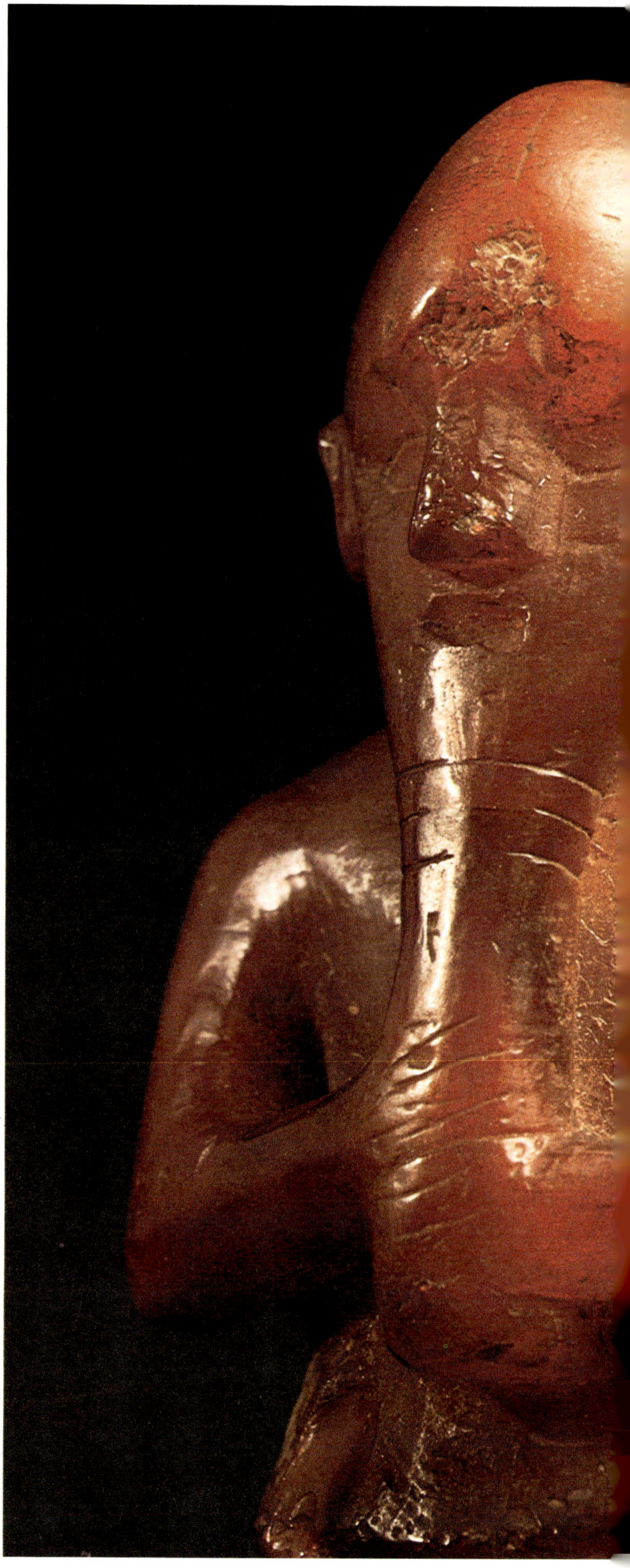

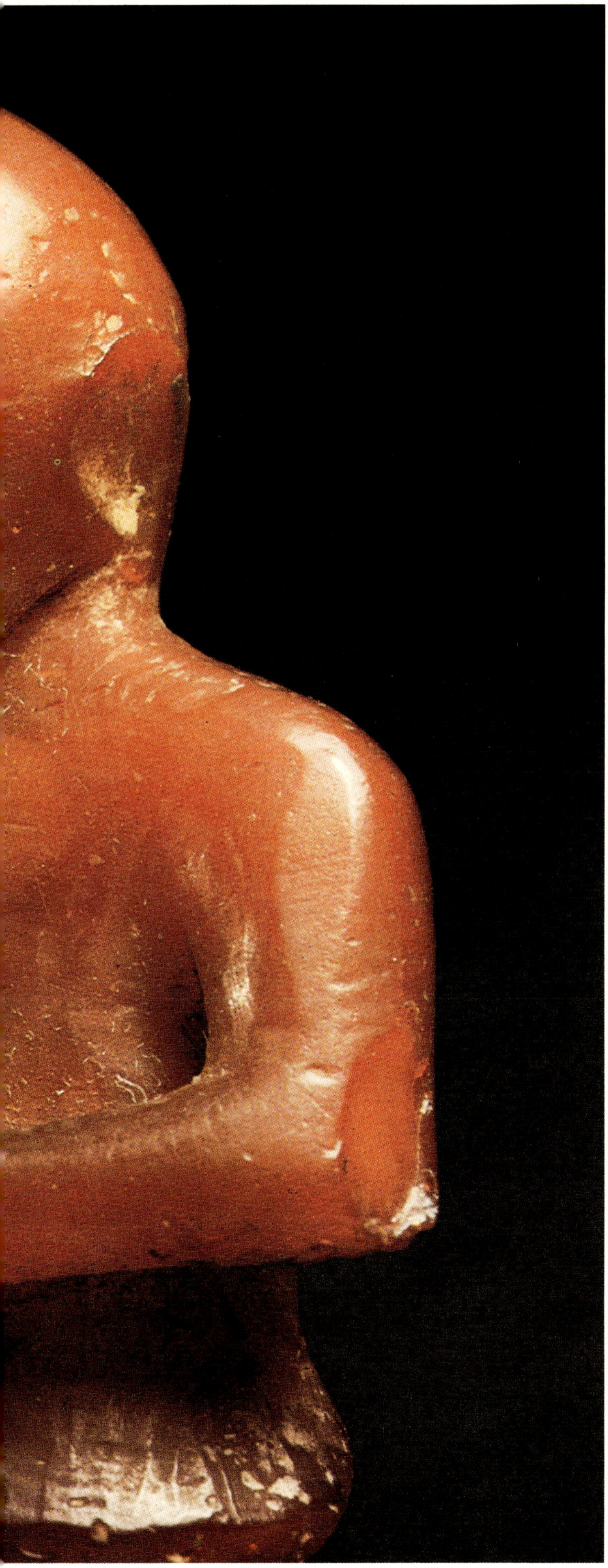

Augenbrauen und lodernden Augen. Er fuhr über den Himmel in einem Wagen, der von zwei heiligen Geißböcken gezogen wurde und auf seiner Spur grollten und krachten die Donner, bebte die Erde und zuckten die Blitze. Manche Forscher haben auf die große Ähnlichkeit zwischen Thor und dem vedischen Sturmgott Indra hingewiesen.

In den späteren literarischen Mythen tritt Thor oft als mehr komische Figur auf: groß, plump und lärmend, ein Gargantua, was das Fressen anging, doch nicht sonderlich intelligent. In der Tat neigten die berufsmäßigen Sänger der Wikingerzeit dazu, Thor zu bespötteln, wenn sie ihn mit Odin verglichen:

Häuptlinge beherrscht Odin,
die im Kampf gefallen;
Thor gehören die Sklaven.

Es gibt jedoch Beweise, die zeigen, daß Thor im täglichen Leben vor Odin verehrt wurde. In Tempeln, in denen Odin, Frey und Thor gemeinsam verehrt wurden, wurde Thor der Ehrenplatz in der Mitte eingeräumt. In der Beschreibung Adams von Bremen über den großen Tempel in Uppsala lesen wir: „Der mächtigste von ihnen, Thor, sitzt auf einem Thron in der Mitte der Zelle, Wodan und Frey haben Plätze neben ihm ... Thor, so sagen sie, ist Herr über die Luft, er beherrscht Donner und Blitz, Wind und Regen, Wetter und Ernte."

Der Hinweis auf die Ernten läßt erkennen, daß Thor ursprünglich ein Erdgott gewesen ist, ein Gott der Fruchtbarkeit und Fruchtfülle. Thor soll der erstgeborene Sohn von Odin und Jörd, der Erdmutter, gewesen sein, und Thors Frau Sif hat die Zeichen einer nordischen Fruchtbarkeitsgottheit, goldenes, von Zwergen gefertigtes Lockenhaar. In Schweden tauchen in Ortsnamen Erinnerungen an Thors Funktion als Gott der Erde auf. Auch in der Wikingerzeit gibt es Beweise für einen Fruchtbarkeitsgott, der mit Thor in Verbindung gebracht wird, denn sein heiliges Zeichen, der Hammer, wurde zur Segnung von Hochzeiten und Begräbnissen benutzt, und man trug den Hammer als glücksbringendes Amulett. In einer Hinsicht hatten die Sänger der Wikinger recht: Thor war der Gott des gemeinen Volkes, der Bauern, Landarbeiter, Ruderer, Kolonisten und Entdecker, und Thor wurde angerufen als Schutzherr gegen die Übergriffe der Häuptlinge, wie gegen ihren aristokratischen Gott Odin.

Thors höchste Aufgabe war die eines Reichsverwesers. Er war der Wächter der Welt der Götter und der Welt der Menschen. Thor war ungeheuer stark und tapfer, er war klug und großmütig, und an ihn wandten sich die Menschen ebenso wie die Götter in Zeiten der Not. Er war der unversöhnliche Gegner der Riesen, die ständig die Ordnung der Welt bedrohten, und der Weltschlange, die sich in der Tiefe des Ozeans um die Welt schlängelte. Die meiste Zeit verbrachte Thor mit wilden Angriffen gegen die Festungen dieser Feinde.

In den Mythen wird von drei kostbaren Besitztümern Thors berichtet. Das erste war der Zaubergürtel Megingjardar, der seine göttliche Kraft verdoppelte, wenn er ihn anzog. Das zweite war ein Paar eiserner Handschuhe, mit denen er Felsen ergreifen und zerschmettern konnte; diese Handschuhe trug er auch, um den mächtigen Hammer Mjöllnir zu schwingen, sein drittes und berühmtestes Besitztum, den größten Schatz von Asgard. Dieser Hammer war eine kurzstielige Waffe – der Zwerg, der ihn gefertigt hatte, wurde bei seinem Werk gestört, als ihn eine Mücke ins Augenlid stach –, der geschwungen oder geworfen werden konnte und immer in Thors Hand zurückkehrte wie ein Bumerang. Der Name Mjöllnir, Blitzstrahl, wird etymologisch mit Worten wie

‚zermalmen' oder ‚Blitz' in Verbindung gebracht. Dieser Hammer war die Waffe, mit der Thor die Ordnung der Welt aufrecht und die Mächte der Unterwelt in Schach hielt.

In der Älteren Edda gibt es verschiedene mythologische Lieder, in denen ergötzliche Geschichten über Thors Zusammenstöße mit den Riesen berichtet werden. Thors bevorzugte Freizeitbeschäftigung war das Zerschmettern von Riesenköpfen. Snorri Sturluson faßte diese Geschichten in seiner eigenen Prosa-Edda zusammen. Eines Tages, als Thor auswärts war, um Riesen zu töten, besaß ein Riese namens Hrungnir die Unverschämtheit, uneingeladen nach Asgard zu kommen. Als der Riese betrunken war, rühmte er sich, er würde Asgard dem Erdboden gleichmachen und die schönsten der Göttinnen mit sich fortnehmen. Mit wachsender Aufregung riefen die Asen nach Thor, und in einem Augenblick stand Thor in der Halle, schwang seinen Hammer und tobte vor Zorn. Der Riese Hrungnir erklärte, er sei unbewaffnet – er hatte seinen berühmten Schild und seinen Schleifstein zu Hause gelassen –, doch er würde glücklich sein, mit Thor zu jeder gewünschten Zeit zu kämpfen. Der Zweikampf wurde vereinbart. Hrungnirs Riesengenossen waren darüber etwas beunruhigt, denn Hrungnir war der stärkste von ihnen, und wenn er fallen würde, hätten die anderen von Thor keine Gnade mehr zu erwarten, deshalb bauten sie eine Falle, einen Riesen aus Ton, 43 km hoch und 14 km breit um die Brust. Hrungnir selbst hatte einen Kopf aus Stein, und einen großen steinernen Schild, seinen Schleifstein, eine mächtige Waffe, trug er auf seiner Schulter.

Der Plan der Riesen war, daß Thors Aufmerksamkeit durch den tönernen Riesen so lange abgelenkt werden sollte, daß Hrungnir Zeit genug hatte, Thor zu überwältigen. Doch Thor hatte einen Begleiter, der den Plan der Riesen erkundete und schnell einen Gegenplan ausheckte. Er riet Hrungnir, es sei sinnlos, den Schild vor sich zu halten, weil Thor diesen gesehen habe und deshalb plane, ihn unterirdisch anzugreifen, deshalb legte Hrungnir den Schild auf die Erde und stellte sich darauf und hielt seinen Schleifstein mit beiden Händen.

Jetzt erschien Thor in einem Getöse von Blitz und Donner. Sein Begleiter griff den Tonriesen an, der plötzlich zerbröckelte. Inzwischen wirbelte Thor seinen mächtigen Hammer und schleuderte ihn auf Hrungnir, Hrungnir sah ihn kommen und warf seinen Schleifstein dagegen, der Hammer zerschmetterte den Stein im Flug und Steinsplitter trafen Thor und drangen in seinen Kopf ein, so daß er zu Boden stürzte. Der Hammer jedoch flog auf seinem tödlichen Weg weiter, traf Hrungnir an seiner steinernen Stirn und zermalmte seinen Kopf zu Pulver, so daß Hrungnir tot über dem liegenden Thor zusammenbrach. Keiner der Götter konnte die Glieder des Riesen anheben, um Thor unter ihm hervorzuziehen, da erschien Thors kleiner Sohn Magni (der Mächtige), und obwohl er erst drei Tage alt war, wälzte er die Gliedmaßen mühelos zur Seite und sagte: „Wie schade, daß ich so spät komme, Vater, ich würde es dem Riesen mit meinen blanken Fäusten gegeben haben, wenn ich ihn getroffen hätte." Thor erwachte jetzt aus seiner Ohnmacht, und er verließ den Kampfplatz im Triumph, er hatte nur etwas Kopfweh, und einige Stücke des Schleifsteins steckten noch in seinem Schädel.

Diese lärmende Geschichte ist bezeichnend für die späten Erzählungen von Thor. Seine berühmteste Reise ins Riesenland, sein Besuch in der Burg des Utgardar-Loki, eines Riesen mit großer Zauberkraft, zeigt weit mehr gleichnishafte Obertöne.

Als Thor und seine Begleiter den Ozean überquert hatten, fanden sie sich, als die Nacht hereinbrach, in einem dunklen Forst. Sie kamen zu einer riesigen Halle mit einer Tür, die die ganze Giebelwand einnahm, und hier legten sie sich nieder. In der Nacht erwachten sie durch ein schweres Erdbeben und lautes Gerumpel, so daß das Haus zitterte und bebte. Dies ging die ganze Nacht so fort, während Thor für seine Begleiter die Wache hielt. Bei Sonnenaufgang ging Thor nach draußen, und hier sah er ein kleines Stück in den Wald hinein einen großen Riesen laut schnarchend im Schlaf. Das Schnarchen hatte wie Erdbeben gewirkt, und die große Halle war nur der ausgezogene Handschuh des Riesen gewesen. Thor war ziemlich verärgert, und nach einem Wortwechsel beschloß er, in der folgenden Nacht, wenn der Riese in tiefem Schlaf lag, diesen zu töten. Er ergriff Mjöllnir mit beiden Händen und schmetterte ihn auf den Schädel des Riesen. Der Riese wachte auf und fragte bloß, ob ein Blatt auf seinen Kopf gefallen sei, und dann schlief er weiter. Thor war bestürzt und legte sich zum Schlaf. Aber bald erschütterte das Schnarchen des Riesen wieder den Wald, bis Thor es nicht länger ertragen konnte. Er ging hinüber und gab dem Riesen einen noch stärkeren Schlag auf den Schädel, so daß der Hammer ein Stück in den Schädel eindrang. Der Riese wachte wieder auf und sagte „Was ist? War das eine

Eichel, die auf meinen Kopf fiel?“ Kurz vor dem Morgengrauen versuchte Thor es ein drittes Mal. Er sprang auf den Riesen und schmetterte Mjöllnir mit all seiner Kraft gegen die Schläfe des Riesen. Der Hammer drang bis zum Handgriff ein, aber der Riese setzte sich nur auf, rieb sich die Wange und klagte, daß einige Vögel wohl Zweige auf ihn geworfen haben müßten von den Ästen über ihm.

Schließlich erreichten sie die Festung von Utgardar-Loki. Der Riese, es war Utgardar-Loki in Verkleidung, warnte sie, nichts von den Vorfällen verlauten zu lassen, weil Utgardar-Loki und seine Leute für Prahlereien von Zwergen wie ihnen kein Verständnis hätten. Als sie eingetreten waren, gegenüber ihren Gastgebern wie Zwerge wirkend, wurden sie aufgefordert, ihr Können zu beweisen. Einer von Thors Begleitern schlug für alle einen Wettbewerb im Essen vor. Loki und sein Riesengegner, genannt Wildfeuer, aßen sich durch eine große Wanne mit Fleisch und trafen sich in der Mitte. Aber während Thors Begleiter nur das Fleisch gegessen hatte, wurde sein Gegner zum Gewinner erklärt, weil er nicht nur das Fleisch, sondern auch die Knochen und sogar noch die Schüssel gegessen hatte. Thjalfi, Thors anderer Begleiter, bot ein Wettrennen an, doch so schnell er auch laufen mochte, er wurde völlig besiegt durch Utgardar-Lokis Dienerknaben Hugi, dessen Name Gedanke bedeutet.

Als nun die Reihe an Thor kam, sagte er, er würde einen Trinkwettstreit vorziehen. Ein großes Trinkhorn wurde hereingebracht und Utgardar-Loki sagte, daß die meisten seiner Männer es in einem Zug leeren könnten, nur einige benötigten zwei Schlucke. Thor schien das Horn zwar ziemlich groß zu sein, aber er war durstig, und so nahm er einen gewaltigen Schluck. Doch als ihm die Luft ausging, sah er, daß sich die Flüssigkeit in dem Horn kaum vermindert hatte. Er nahm einen anderen mächtigen Schluck, aber die Flüssigkeit verminderte sich noch weniger, und die Riesen johlten vor Freude. Voller Wut stieß Thor das Trinkhorn in seinen Mund und trank, als ob es um sein Leben ginge. Als er jedoch in das Horn sah, bemerkte er, daß sich die Flüssigkeit nur ein klein wenig gesenkt hatte, und daraufhin gab er auf.

Links und oben: Das einfachste und langlebigste Symbol der Wikingermythologie ist Thors Hammer Mjöllnir. Der Name wird mit dem Gewitter in Verbindung gebracht, und Thor verteidigte mit dieser Waffe die Ordnung der Götter gegen ihre Feinde. Der einfache Silberhammer (oben links) aus dem 10. Jh. stammt aus Uppland in Schweden. Er ist ein typisches Beispiel der Hammer-Amulette, die als Glücksbringer getragen wurden. Die herrliche Silberarbeit am Kopf des Hammers (links) aus der Wikingerzeit zeigt die starren Augen, die man Thor zuschreibt. Der Hammer aus Island (oben), ebenfalls aus dem 10. Jh., läßt erkennen, wie christliche Symbole hier in der Form des Kreuzes langsam in die Wikingerkunst eingearbeitet werden.
Rechts: Diese Bronzeplatte des 8. Jh. aus Schweden zeigt Thor und einen Seeriesen, wie sie nach der Weltschlange angeln. Obwohl die Weltschlange den Köder annahm, war Thors Begleiter beim Anblick des Ungeheuers so entsetzt, daß er die Angelschnur durchschnitt. Das war ein Fehler, der katastrophale Folgen in Ragnarök nach sich ziehen sollte.

Thors Wut war jetzt sehr groß, und er forderte jeden in der Halle zu einem Ringkampf mit ihm auf. Utgardar-Loki aber rief, daß seine Leute es für unter ihrer Würde hielten, mit solch einem kümmerlichen Gegner zu ringen, und so rief er seine alte Amme herein. Der Name der Amme war Elli. Das alte Weib humpelte in die Halle und begann mit Thor zu ringen. Je wilder Thor kämpfte, desto fester stand sie, bis Thor schließlich ausrutschte und auf ein Knie geworfen wurde.

Am nächsten Morgen verließ Thor die Burg der Riesen in gedrückter Stimmung wegen der demütigenden Erfahrung, die er gemacht hatte. Als er jedoch das Tor erreicht hatte, da enthüllte der Riese, daß Thor weit stärker gewesen war, als es ausgesehen hatte. Die drei Hammerschläge, die er auf den Schädel schmetterte, hatten in Wirklichkeit drei tiefe Täler in ein Gebirge geschlagen. Das Ende des Trinkhorns, aus dem Thor trank, stand in Verbindung mit dem Meer, dessen Wasserstand mehrere Meter gesunken war, Ursache für den Beginn von Ebbe und Flut. Und die alte Frau Elli, mit der Thor gerungen hatte, war das Alter gewesen, dem niemand, so stark er auch sein mochte, jemals entgehen konnte.

Voller Wut ergriff Thor seinen Hammer und schwang ihn zu einem Wurf, doch da lösten sich Utgardar-Loki und ebenso die Mauern seiner Burg in Luft auf. Es war nichts anderes mehr zu sehen als ein weites Feld.

Rechts: Diese bemerkenswerte Goldarbeit der Völkerwanderungszeit, ein Anhänger aus Schweden, ist typisch für den Stil dieser Zeit. Solche Anhänger wurden an Halsketten auf der Brust als Amulette getragen, sie waren mit verschiedenen Symbolen geschmückt, u.a. mit Hakenkreuz und Tierfiguren.

Oben: Der Anhänger aus Schweden aus der Wikingerzeit, der die Zwillingsschwester von Frey, die Göttin Freyja, darstellt, verkörpert eine Gestalt von großer Lüsternheit und Schönheit; um die Schultern trägt sie das berühmte Brisingamen, das Halsband, das von Zwergen für sie hergestellt wurde.
Gegenüberliegende Seite oben: Bronzeform aus Uppland in Schweden aus dem 7. Jh., die zur Herstellung von Platten diente, mit denen die Helme verziert wurden. Auf dem Modell sind die Kriegerhelme mit Darstellungen von Ebern gekrönt, dem Tier, das mit Frey verbunden war.
Gegenüberliegende Seite unten: Frey, der Gott der Fruchtbarkeit, wird hier durch ein Bronzefigürchen aus dem 11. Jh. aus Schweden wiedergegeben. Frey wird oft mit großem Penis als Zeichen seiner Stärke dargestellt, und man opferte ihm bei Hochzeiten.

Thors Erzfeind war die Midgardschlange in der Tiefe des Ozeans, ein lauerndes Ungeheuer, das die Welt am Ragnarök-Tag überwinden sollte. Eines Tages ging Thor, verkleidet als Junge, mit dem Seeriesen Hymir zum Fischen. Als Köder nahm er einen Ochsenkopf, den er an seine Angelleine hängte. Die Schlange schluckte den Köder, und Thor begann die Leine einzuholen. Doch die Schlange wehrte sich so heftig, daß Thors Fäuste gegen die Bootswand geschmettert wurden. Jetzt wurde Thor zornig, und er riß alle seine Kräfte zusammen und zog so stark, daß seine Füße durch den Boden des Bootes brachen und er seine Füße ausstreckte, bis er auf dem Grund des Meeres stand.

Hand über Hand zog er die Schlange zu sich, und als die Schlange die Oberfläche durchbrach, war es ein entsetzlicher Anblick. Sie funkelte Thor an und spie Gift aus. Der Riese Hymir fuhr erschreckt zurück, und als Thor seinen Hammer ergriff und emporschwang, um das Haupt der Schlange zu zerschmettern, da nahm der Riese zitternd sein Messer und kappte die Angelschnur ab. Die Schlange versank wieder im Meer. Voller Wut schleuderte Thor seinen Hammer erfolglos hinter der Schlange her, dann warf er Hymir mit einem Faustschlag über Bord und watete an Land.

Dieser fehlgeschlagene Versuch, die Weltschlange an Land zu bringen, sollte sich noch als sehr teuer erweisen, denn am Ragnarök-Tag würde die Schlange wieder gegen die Welt aufstehen und sie überschwemmen und Thor und die Schlange würden sich gegenseitig in einem letzten riesenhaften Kampf töten.

Alle mythischen Erzählungen preisen Thors unmenschliche Stärke, sein freimütiges und offenherziges Wesen und seinen Heldenmut gegen die fürchterlichen Riesen. Seine Popularität scheint auch dann noch ständig gewachsen zu sein, als das Heidentum im Wikinger-Zeitalter zurückging. Vor allem Bauern und Seeleute riefen ihn an; so wird etwa von Helgi, einem der ersten Siedler in Island im 9. Jh., berichtet, daß er zwar an Christus glaubte, doch Thor auf Seefahrten und in Notfällen anrief. Thor führte Helgi auch zu dem Platz, wo er sich in Island ansiedeln sollte, doch als Helgi den vorbestimmten Platz im Norden von Island erreichte, nannte er ihn Kristness. Es scheint, daß Thor vor allem der Schutzgott der Besiedlung Islands war. In jener Zeit konnten Christentum und Heidentum in Island friedlich nebeneinander existieren. Als dann gegen Ende des 10. Jh. ernsthafte Versuche gemacht wurden, Island zu bekehren, da wurde Thor angerufen, um der neuen Religion Widerstand zu leisten. Die *Njal-Saga* berichtet von einem Treffen zwischen dem Missionar Thangbrand und einer isländischen Dichterin, nachdem Thangbrands Schiff gescheitert war. Die Dichterin rief triumphierend aus, daß es Thor gewesen sei, der das Schiff zerschmettert habe, und daß Christus es nicht habe retten können.

Der dritte Hauptgott der nordischen Götterwelt war der Fruchtbarkeitsgott Frey, der eng mit seiner Zwillingsschwester Freyja verbunden war. Sie waren die Kinder von Njörd aus dem Götterstamm der Vanen, der nach dem Urkrieg zwischen den Götterstämmen als Geisel zu den Asen gekommen war.

Njörd scheint ein sehr alter Gott gewesen zu sein, tief in der germanischen Mythologie verwurzelt. Sein Name steht in enger Verbindung mit dem der Göttin Nerthus (Erdmutter), die unter den Angeln und anderen germanischen Stämmen an der Westküste der Ostsee zu Beginn der christlichen Zeit verehrt wurde. Tacitus beschreibt ihren Kult in seiner Germania sehr genau:

„Nichts an diesen Stämmen ist besonders bemerkenswert, mit Ausnahme ihrer gemeinsamen Verehrung der Nerthus oder Erdmutter. Sie glauben, daß die Göttin bei menschlichen Streitereien vermittelt und daß sie auf ihrem Wagen die Völker bereist. Auf einer Insel im Ozean findet sich eine heilige Höhle, in der ein verhüllter Wagen steht, den niemand außer dem Priester berühren darf, der Priester kann die Anwesenheit der Göttin an diesem heiligen Platz fühlen, wenn sie mit ihrem von Ochsen gezogenen Wagen ausfährt, bedient er sie mit größter Ehrfurcht. Überall, wo die Göttin erscheint, herrscht eine Zeit der Freude und der Feste, Waffen werden zur Seite gelegt, und niemand zieht in den Krieg. Dann, und nur dann herrschen Friede und Ruhe, solange bis die Göttin, erschöpft von der Gesellschaft der Menschen, von ihren Priestern zu ihrem Tempel zurückgeleitet worden ist. Danach wird der Wagen, die Kleidung und, man mag es glauben oder nicht, die Göttin selbst in einem geheimen See gewaschen und gereinigt. Dies wird von Sklaven ausgeführt, die unmittelbar danach im See ertränkt werden. Von daher stammt die heilige Furcht und die fromme Abneigung, mehr über etwas zu wissen, das zu sehen nur dem Todgeweihten erlaubt ist."

Trotz des Geschlechtsunterschiedes besteht kein Zweifel darüber, daß Nerthus und Njörd die gleiche Gottheit oder Erscheinungen der gleichen Gottheit waren. Nach Snorri Sturluson war Njörd einer der göttlichen Ahnen der schwedischen Könige, er wurde verehrt als Herr über Frieden und Reichtum und als Vater von Frey. Schrittweise übernahm Frey die Aufgaben seines Vaters als Fruchtbarkeitsgott, und so sank Njörd in der nordischen Götterwelt zu einem kleinen Seegott herab, obwohl Ortsnamen zeigen, daß die Verehrung von Njörd in Skandinavien sehr alt und weit verbreitet war.

Snorri Sturluson schreibt in *Gylfaginning* über Njörd: „Der dritte Gott wird Njörd genannt. Er lebt im Himmel in einem Ort genannt Noatun, er beherrscht die Winde, kann das Meer beruhigen und Feuer auslöschen. Er sollte bei Seefahrten und für Glück bei der Fischerei angerufen werden. Er ist so wohlhabend und reich an lebendem Vieh, daß er Land oder Hab und Gut an die austeilen kann, die ihn darum bitten."

Obwohl Njörd in den Wikingerzeiten zum Schutzgott der Fischer und Hochseesegler wurde, finden sich noch Erinnerungen an seine ursprüngliche Aufgabe als Fruchtbarkeitsgott in der Geschichte seiner Hochzeit. Es kam dazu, weil ein Riese, Thjazi genannt, Idunn, eine der Göttinnen von Asgard, geraubt hatte, die die Aufsicht über die Äpfel der Unsterblichkeit führte, die die Götter jung erhielten. die Götter rächten sich, sie töteten Thjazi und brachten die goldenen Äpfel zurück, doch Thjazis Tochter Skadi stürmte von den Gebirgen des Riesenlandes herab, um sich zu rächen. Als Ausgleich für den Tod ihres Vaters boten ihr die Asen einen von ihnen als Gemahl an. Nur machten sie es zur Bedingung, daß Skadi ihre Wahl nach den Beinen der Götter treffen müsse. Skadi suchte sich das schönste Paar Beine aus, das sie sah. Sie war überzeugt, daß sie dem Lichtgott Baldur gehören müßten, doch es zeigte sich, daß sie Njörd von Noatun gewählt hatte.

So heiratete eine Eisriesin einen Fruchtbarkeitsgott: der Winter heiratete den Frühling. Die Verbindung war offensichtlich nicht glücklich. Njörd wollte am Meer leben, Skadi in den Bergen des Riesenlandes. Zwar versuchten sie einen Kompromiß zu schließen, in dem jeder im Wechsel neun Nächte im Heim des anderen verbrachte, aber Njörd konnte nicht das Heulen der Wölfe im Schnee ertragen und Skadi nicht das Geräusch der Meerbrandung; so zerbrach diese Ehe.

Vor seiner Heirat mit Skadi hatte Njörd, wie die Quellen vermuten lassen, von seiner eigenen Schwester schon zwei Kinder bekommen. Es waren die Zwillinge Frey und Freyja. Snorri Sturluson beschreibt sie so: „Sie sind schön und mächtig. Frey ist der vornehmste der Götter, er kontrolliert Regen und Sonne und damit das Wachstum auf der Erde, und er wird angerufen für reiche

Ernte und für Frieden. Er ist auch zuständig für das Glück der Menschen.

Ganz ähnlich hervorragend ist Freyjas Stellung unter den Göttinnen ... Ihr Palast wird Sessrumnir genannt, sie zieht mit einem von zwei Katzen gezogenen Wagen umher, sie freut sich über Liebeslieder und wird bei Herzensangelegenheiten angerufen."

Ihre Namen, die einfach ‚Herr' und ‚Herrin' bedeuten, sind Kennzeichen des Fruchtbarkeitskultes. Freyja war die schönste und lüsternste unter den Göttinnen, vergleichbar Venus und Aphrodite. Alle Riesen verlangten nach ihr, während sie selbst lüstern nach Männern und Reichtum war. Ihr berühmter Halsschmuck, der Brising-Schatz, war von Zwergen für sie angefertigt worden. Man nimmt an auf Kosten ihrer Keuschheit. Eine Zeitlang war sie die Geliebte Odins.

Die Verehrung Freyjas war in den nordischen Zeiten nicht groß, sie war einfach eine Kopie ihres Bruders. Frey dagegen war der Hauptgott für Fruchtbarkeit in der späten heidnischen Zeit. Für die Schweden war er der höchste Gott und der göttliche Ahnherr ihrer Könige. Der große Tempel in Uppsala soll von Frey errichtet worden sein, nachdem er ihn zu seinem Hauptsitz erwählt hatte. Adam von Bremen berichtet im 11. Jh., daß seine Holzfigur in Uppsala einen übergroßen Penis zeigte, als Symbol für seine Macht über Fruchtbarkeit und reiches Wachstum, und daß die Schweden ihm opferten an Hochzeitsfeiern. „Er schenkte den Sterblichen Frieden und Freude." Freys heiliges Tier war der Eber, die Sau das Tier seiner Schwester Freyja, wiederum Doppelsymbole der Fruchtbarkeit. Die frühen schwedischen Könige trugen Helme mit Eberköpfen, zweifellos eine Anspielung auf Freys kostbaren Eber Gullinbursti, der von Zwergen gemacht worden war und schneller laufen konnte als jedes Pferd. Teilweise wurde auch der Hengst mit Frey verbunden. In der isländischen *Hrafnkel-Saga* schenkt der Freypriester Hrafnkel sein Pferd Freyfaxi dem Gott, und er erschlug einen Mann, der es wagte, unerlaubt dieses Pferd zu reiten.

In der nordischen Mythologie gilt Frey als Symbol der himmlischen Hochzeit zwischen Himmel und Erde, aus der der Frühling entstand. In den mythischen Gesängen der Edda gibt es nur eine Erzählung über Frey. Ähnlich wie sein Vater Njörd heiratete Frey eine Riesin, und die Geschichte seiner Werbung wird in einer prachtvollen Liebesdichtung, *Skirnismal* genannt, berichtet.

Eines Tages bestieg Frey Odins Thron und blickte über die Welt. Plötzlich erspähte er im Riesenland im Norden ein wunderschönes Mädchen, das vor dem Palast ihres Vaters stand. Dies Mädchen war Gerd (Fels), die Tochter eines Felsriesen. Ihre Arme schimmerten so hell, daß, wenn sie sie aufhob, um die Tür aufzuklinken, ihr Glanz die Erde, den Himmel und das Meer erhellte. Frey wurde von Sehnsucht nach diesem Mädchen ergriffen, und er wurde so liebeskrank, daß er weder essen noch schlafen konnte und niemand mit ihm zu sprechen wagte. Schließlich bat er seinen Diener Skirnir für ihn auf Brautwerbung zu gehen. Er schickte ihn in das Land der Eisriesen und gab ihm sein eigenes Zauberschwert mit, das allein kämpfen konnte, und ein Pferd, das ihn durch die Dunkelheit und den Flammenring der Unterwelt bringen konnte. Es war für Skirnir ein langer und gefährlicher Ritt, und die Werbung erwies sich als sehr schwierig. Zuerst bot Skirnir Gerd die elf goldenen Äpfel der Unsterblichkeit an, aber sie weigerte sich, sie anzunehmen, dann bot er ihr den Zauberarmring Draupnir, eines der berühmten Besitztümer Odins, an, der in jeder neunten Nacht acht völlig gleiche Ringe hervorbringen konnte. Doch Gerd weigerte sich, Freys Werbung anzunehmen. Jetzt versuchte Skirnir es mit Drohungen, er würde ihren Kopf mit dem Zauberschwert abschlagen und auch ihren Vater töten, und er würde sie mit sei-

Links: Diese kleinen Goldblättchen aus Uppland in Schweden wurden vermutlich als Amulette in Verbindung mit Fruchtbarkeitsriten getragen. Alle zeigen sie ein sich umarmendes Paar, das Frey und Gerd darstellt.

nem Zauberstab in ein häßliches altes Weib verwandeln. Doch selbst diese schrecklichen Drohungen blieben erfolglos. Gerd fürchtete sich nicht vor dem Zorn der Götter, deshalb bedrohte Skirnir sie jetzt mit fürchterlichen Verfluchungen, sie würde verdorren wie eine Trockendistel, sie würde sich selbst und allen Menschen widerlich werden, sie würde ausgestoßen sein und gezwungen, Ziegenjauche zu trinken, sie würde zugrunde gehen an den Qualen einer unerfüllten Sehnsucht nach widerlichen dreiköpfigen Eisriesen, sie würde gequält von perverser und zügelloser Wollust. Mit dieser letzten Drohung überwand er schließlich das Mädchen. Gerd ließ sich erweichen und willigte ein, Frey zu heiraten. Skirnir fragte nach dem Termin, sie antwortete, daß sie Frey in neun Tagen in der windstillen Höhle Barri treffen und seine Braut werden wolle. Als Frey diese Nachricht erfuhr, rief er aus:

Eine Nacht ist lang,
zwei sind länger,
wie kann ich drei ertragen?
Selbst ein Monat
erscheint mir kürzer
als diese Nächte der Sehnsucht.

So bekam Frey seine Braut, doch er verlor bei der Werbung sein Zauberschwert, so daß er waffenlos war, als er dem Riesen Surt am Ragnarök-Tag begegnete und von ihm erschlagen wurde.

Die Erzählung enthält alle Elemente eines jahreszeitlichen Fruchtbarkeitsmythos wie das Auftauen der eisgepanzerten Erde im Frühling. Und es scheint, daß dies in den Freykulten in Form von kultischer Prostitution dargestellt wurde.

Links: Auch auf diesem Sandsteindeckel einer Bronzezeiturne aus Schweden sind Fruchtbarkeitssymbole dargestellt. Die zwei sich nähernden Figuren sind umrandet von einem Kornmotiv, das sich hinter der weiblichen Figur wiederholt. Dieses noch primitive, aber kraftvolle Bild entstand etwa 100 Jahre vor der guten Handwerksarbeit der Goldblättchen (links), zeigt aber im Grunde das gleiche Thema.

Loki und Baldur

Der Vater der Lügen und der Gott des Lichts

Oben: Die verwickelten Zusammenhänge des Bösen und des Übels, das von Loki verursacht wurde, sind in den merkwürdigen Tierfiguren wiedergegeben, die als Schnitzwerk Heck und Bug des Oseberg-Schiffes überziehen. Diese ungewöhnlichen Geschöpfe haben Bärte und Zöpfe und vorquellende Augen mit einem Ausdruck qualvoller Konzentration, ihre Körper besitzen dürre Glieder und betonte, birnenförmige Schenkel und Armmuskeln. Sie umklammern einander mit beiden Händen und Füßen, wobei sie ein verschlungenes Muster bilden, ähnlich wie Ringkämpfer.

Loki ist eine der intrigantesten Figuren der nordischen Götterwelt. Es gibt keinen Grund für die Annahme, daß er jemals einen eigenen Kult besaß oder als Gott verehrt wurde. Er hat keine Verbindung mit der Menschenwelt, und obwohl er in Asgard unter den Göttern lebte, war er vermutlich selbst nicht göttlicher Abstammung. Die Loki-Mythen sind widersprüchlich, nach der ältesten

Links: Loki war ein Hermaphrodit, und einer seiner Nachkommen war das achtbeinige Zauberpferd Sleipnir, das später Odin gehörte und hier auf einem gotländischen Bildstein wiedergegeben ist. Der Hengst Sleipnir wurde gezeugt, als Loki in Verkleidung einer Stute den Hengst des Riesen weglockte, der die Mauern von Asgard aufrichtete. Loki verhinderte durch diese List, daß er die Mauern zeitgerecht fertigstellen konnte, so daß die Götter nicht den vereinbarten Preis für den Vertrag zu bezahlen hatten.

Überlieferung war er der Sohn eines Riesen, doch irgendwie wurde er zum engen Gefährten der Götter, ja er schloß sogar mit Odin Blutsbrüderschaft. Man hat angenommen, daß der Name Loki mit dem lateinischen Wort lux, gleich ‚Licht', verwandt ist und später dann auch mit Luzifer. Tatsächlich erscheint Loki in der späteren Tradition seit der Wikingerzeit in einer halbteuflischen Gestalt. Jedenfalls ist seine Stellung unter den Göttern und seine Einstellung zu ihnen zwiespältig, er ist sowohl ihr Verbündeter wie ihr Gegner.

Snorri Sturluson kannte die verschiedenen Seiten von Lokis Charakter und seine Stellung sehr genau: „Noch eine andere Person zählt zu den Asen, von dem einige sagen, er sei der Verleumder der Götter, der Vater der Lügen und ein Schandfleck für Götter und Menschen. Er wird Loki oder Lopt genannt (Himmelsreisender) und ist der Sohn der Riesin Farbauti (Blutiger Schläger). Loki ist ein geschickter Ausspäher, doch besitzt er einen schlechten Charakter und ist in seinem Verhalten launisch. Er übertrifft alle anderen an List und Schläue, und er benutzt immer unsaubere Tricks. Von Zeit zu Zeit stürzte er die Götter in schweres Unglück, aber meistens konnte er sie auch durch seine Listen retten."

Seine Gestalt ist durch einen seltsamen Dualismus gekennzeichnet. Einige Berichterstatter haben Loki als Feuergeist gesehen, manchmal als Freund, doch vor allem als Feind der Welt, tüchtig, aber tückisch, nützlich, aber gefährlich. Im wesentlichen war Loki eine dichterische Personifizierung. Nach den ältesten Quellen wurden seine Mißerfolge durch seine eigene Charakterschwäche verursacht, denn Loki ist ein Feigling. Er beugte sich den Drohungen und dem Zwang der Riesen, die ihn laufend erpreßten, die Götter in Schwierigkeiten zu bringen, aus denen er sie selbst jedoch regelmäßig durch seine Listen wieder befreite. In den späteren Überlieferungen werden besonders seine teuflischen Qualitäten hervorgehoben, in ihm verbinden sich die offensichtlichen Gegensätze von Gut und Böse, die unter den Göttern von Asgard bestand. Tatsächlich ist es Loki, der Ragnarök herbeiführte, und damit als unerbittlicher Feind der Götter und der Welt erscheint.

Eine Geschichte beleuchtet deutlich die frühe Vorstellung seiner Hilflosigkeit und Feigheit und seine Fähigkeit, diese Fehler auszubügeln. Diese recht berühmte Geschichte ist in einem der Lieder der Älteren Edda, dem *Thrymskvida* (Lied des Thrym), enthalten. Die Geschichte erzählt, wie Thor seinen Hammer verlor und mit Lokis Hilfe wiedererlangte.

Eines Morgens erwachte Thor in Asgard und fand, daß sein mächtiger Hammer Mjöllnir verloren war. Sein Schmerz darüber kannte keine Grenzen, und er brüllte nach Loki, um ihm diese Neuigkeit zu berichten (andere Quellen gehen von der Annahme aus, daß Loki selbst den Hammer gestohlen hatte und ihn Thors Erzfeinden, den Riesen, gegeben hatte). Loki wurde jetzt zum Riesenland geschickt, um den Hammer zu suchen. Er trug dazu Freyjas zauberhaften Federmantel, mit dem man fliegen konnte. Im Riesenland traf er Thrym, den König der Riesen, der auf einem Hügel saß, goldene Koppelriemen für seine Hunde flocht und die Mähnen seiner Pferde strähnte. Thrym berichtete ihm, daß er Thors Hammer tief im Erdboden versteckt hatte und daß er ihn nur zurückgeben würde, wenn er Freyja als Weib erhielte.

Als Thor diese Nachricht hörte, stürmte er in Freyjas Gemach und befahl ihr, schnell den Brautschleier anzulegen und mit ihm ins Riesenland zu fahren. Freyja jedoch wurde wütend über diese Zumutung und weigerte sich, den Riesen zu heiraten. Nun berieten die Götter. Heimdall schlug vor, daß Thor sich selbst als Braut verkleiden und den Hammer zurückholen sollte. Thor widerstrebte es natürlich, daß man denken könne, er sei weibisch, aber schließlich wurde er überredet, nachdem Loki angeboten hatte, ihn als Brautjungfer zu begleiten. Bis zur Unkenntlichkeit in Brautgewändern verkleidet, brauste das ungleiche Paar in dem von Geißen gezogenen Wagen unter Donnern und Blitzen zum Riesenland.

Im Riesenland war große Freude, als der Wagen gesichtet wurde, und das Brautfest wurde vorbereitet. Die Braut, deren unmenschlicher Appetit immer wieder in den Mythen erwähnt wird, schlang einen ganzen Ochsen und acht Lachse hinunter und spülte mit drei Fässern Met nach. Sehr verwundert darüber sagte Thrym, daß er niemals ein so gefräßiges Mädchen gesehen habe, doch Loki flüsterte ihm leise den Grund dafür ins Ohr und sagte, Freyja sei durch die Hoffnung auf die Hochzeit so erregt gewesen, daß sie seit einer Woche weder gegessen noch getrunken habe. Zufrieden über diese Erklärung, versuchte Thrym die Braut zu küssen und lüftete den Brautschleier, doch er erschrak über das schreckliche Blitzen der Augen, die ihn anstarrten. Wieder einmal mußte Loki schnell eingreifen, um zu erklären, daß Freyjas Augen so feurig seien, weil sie in Vorfreude auf die Hochzeit seit einer Woche nicht geschlafen habe. Schließlich befahl Thrym, die Heirat traditionsgemäß zu segnen, wobei Thors Hammer im Schoß der Braut lag, während Braut und Bräutigam ihre Hochzeitsgelübde sagten. Dies war der Augenblick, auf den Thor gewartet hatte. Sobald er den Stiel des Hammers in seiner Hand fühlte, lachte ihm das Herz in der Brust, und er begann in seiner üblichen Weise auf Thrym einzuschlagen. Er tötete ihn mit seiner ganzen Riesenfamilie und auch alle Hochzeitsgäste, bevor er im Triumph nach Asgard zurückkehrte.

Unter allen Bewohnern von Asgard besaß nur Loki Witz und beißenden Humor. In einem der Lieder der Älteren Edda, *Lokasenna* (Lokis Spott) genannt, wird die Geschichte eines göttlichen Festmahls berichtet. Außer Thor, der unterwegs war, um Riesen zu töten, waren alle Götter und Göttinnen anwesend. Da Loki die heilige Halle durch die Tötung eines der Diener entweiht hatte, war er hinausgeworfen worden, doch schließlich wurde ihm die Rückkehr erlaubt, und er feierte seine Rückkehr, indem er alle Götter in der Runde mit Schimpfworten bedachte. Odin nannte er einen Zwitter und dilettantischen Zauberer, der häufig im Kampf Feiglingen anstelle von tapferen Männern den Sieg zuerkenne. Loki erklärte auch, daß Freyja die Geliebte aller Götter gewesen sei, sogar ihres eigenen Bruders. Dann brüstete er sich, daß er Thors Frau Sif und Njörds Frau Skadi verführt habe, obwohl Skadi wußte, daß er für den Tod ihres Vaters verantwortlich sei. Am Ende des Mahls kehrte Thor zurück, trieb Loki mit seinem Hammer hinaus und beendete damit den Hagel von Anschuldigungen. Dies war das letzte Göttermahl, an dem Loki teilnahm, denn während dieses Mahles wurde es den Göttern ganz klar, daß Loki ihr Erzfeind war.

Man machte Vergeltungsvorschläge gegen Lokis unnatürliche Liebespraktiken. Loki hatte mit der Riesin Angrboda (Elend-Bringer) drei Unholde gezeugt: den Wolf Fenrir, die Weltschlange und die Beherrscherin der Unterwelt, Hel. Odin schleuderte ihm während des Festessens das Schimpfwort Wolfsvater entgegen; Loki war aber auch die Mutter von Odins berühmtem fliegendem Pferd Sleipnir, das acht Beine hatte.

Snorri berichtet die Geschichte von Sleipnirs Geburt im *Gylfaginning*. Als die Götter Midgard und Asgard gegründet hatten, erschien ein Maurer bei ihnen und bot an, eine große Mauer für Asgard zu bauen, die sie gegen die Riesen sichern sollte. Dafür bot er folgende Bedingungen an: wenn er das Werk in einem Winter fertigstellen würde, sollte er mit der Göttin Freyja belohnt werden und mit Sonne und Mond. Die Götter willigten schließlich auf Lokis Veranlassung ein unter der Bedingung, daß er das Werk

Drachen des Nordens.
Oben: Dieser meisterhafte Drachenkopf an einem Holzpfosten wurde zwischen den Möbeln des Oseberg-Schiffes gefunden. Der Künstler erhielt von der Forschung den Spitznamen „der Akademiker" wegen der konservativen Eleganz und Präzision seines Werkes. Die herrliche Verflechtung von Wirbeln und Windungen am Hals unter der zähnefletschenden Maske erhebt dieses Werk zu seinem Meisterstück.
Unten: Dieser geflügelte vergoldete Bronzedrache aus Schweden stammt aus dem 8. Jh.

Oben: Dieser „Gefesselte Teufel" auf einem Kreuz in Kirkby Stephen in Northumbrien in England stammt aus der Wikingerzeit, in der im Norden Englands umfangreiche skandinavische Siedlungen bestanden. Er wird gewöhnlich als der gehörnte Loki gedeutet, der gefesselt in einer Höhle lag, nachdem er Baldurs Tod verursacht hatte, während Schlangen, die am Dach befestigt waren, Giftspeichel auf sein Gesicht tröpfelten.

ohne Hilfe vollbringen müsse und daß er, wenn die Arbeit am ersten Tag des Sommers nicht vollständig fertig sei, keinen Lohn erhalten würde. Der Maurer wandte lediglich ein, daß es ihm erlaubt sein müsse, seinen Hengst Svadilfari zu Hilfe zu nehmen. Und da Loki dieses sehr empfahl, wurde die Bedingung angenommen. Der Maurer begann mit der Arbeit am ersten Wintertage, und die Götter waren erstaunt, als sie die gewaltigen Steinblöcke sahen, die der Hengst tragen konnte. Als nur noch drei Tage bis zum Ende des Winters fehlten, war die Arbeit so weit fortgeschritten, daß nur noch das Tor an seinen Platz gebracht werden mußte. Jetzt waren die Götter alarmiert, heftig beschimpften sie Loki für diesen unseligen Handel, und sie drohten ihm den Tod an, wenn er nicht einen Weg finden könne, um den Vertrag zu brechen. Um sein Leben zu retten, schwor Loki, daß er den Maurer auf irgendeine Weise um den Lohn prellen werde. Am selben Abend, als der Maurer und sein Hengst Steine herbeischleppten, galoppierte eine Stute aus dem Wald und wieherte dem Hengst zu. Der Hengst brach aus seinem Geschirr aus und stürmte der Stute nach. Ohne den Hengst war es für den Maurer unmöglich, das Werk zeitgerecht zu vollenden. Voller Wut entpuppte sich der Maurer als ein verkleideter Felsenriese, woraufhin Thor ihn mit seinem Hammer erschlug. Kurz darauf gebar Loki (die Stute war Loki gewesen) ein graues Fohlen mit acht Beinen, Sleipnir.

Die Anwesenheit Lokis in der nordischen Götterwelt gab den Dichtern und Mythenerfindern die Möglichkeit, die Götter zu beschimpfen oder sie zu verlachen, womit sie zeigten, daß ihre Einstellung den Göttern gegenüber mehr von Nützlichkeit als von feiger Kriecherei bestimmt war. Es war irgendwie ein homerisches Benehmen. Über Lokis größten Verrat in Asgard wurde allerdings nicht gescherzt. Loki setzte nämlich die Schrecken von Ragnarök in Bewegung durch seinen Anteil an der Ermordung von Odins Lieblingssohn Baldur, dem Weißen Gott. Für dieses Verbrechen wurde Loki von den Göttern ergriffen, mit den Gedärmen seines eigenen Sohnes gebunden und gefesselt in eine unterirdische Höhle gebracht, wo an der Decke befestigte Schlangen Gift auf sein Gesicht herabtropfen ließen. Sigyn, sein treues Weib, kauerte bei ihm und fing das Gift in einer Schüssel auf; doch immer wenn sie die Schüssel herabnahm, um sie auszuleeren, spritzte das Gift auf Lokis Gesicht, und Loki krümmte sich in so qualvollen Zuckungen, daß die Erde bebte und Vulkane Feuer spuckten. Am Ragnarök-Tag jedoch sollte Loki sich befreien und das Schiff steuern, das die Bewohner von Muspell, die Dämonen der Zerstörung, vom Osten herüber brachte, und während des Endkampfes sollten er und Heimdall sich gegenseitig töten.

Über Baldur schrieb Snorri im *Gylfaginning:* „Er ragt hervor unter den Göttern, und jedermann lobt ihn. Er ist so schön und leuchtend, daß Strahlen von ihm ausgehen. Eine Pflanze ist so weiß, daß sie Baldurs Stirn gleicht (das Gänseblümchen), es ist die hellste aller Pflanzen, und an ihr kann man die Schönheit von Baldurs Haar und Körper erkennen. Baldur ist der klügste der Götter, er spricht nur anständig und ist überaus liebenswürdig, doch seine Natur ist so geartet, daß sein Urteil niemals standhält. Sein Palast Breidablik (Heller Glanz) liegt im Himmel, und nichts Unsauberes ist hier erlaubt."

Baldur wurde von den Göttern sehr geliebt. Doch er träumte, daß sein Leben bedroht sei, und deshalb stieg sein Vater Odin in die Unterwelt hinab und zwang eine tote Wahrsagerin, ins Leben zurückzukommen und ihm die Zukunft zu sagen. Er erfuhr, daß Baldur getötet würde und daß dies den Ragnarök-Tag auslösen werde. Unterdessen beschlossen die anderen Götter, man solle von allen Geschöpfen Eide verlangen, daß sie Baldur schonen würden. Frigg, Baldurs Mutter, sammelte Versprechen vom Feuer, vom Wasser, von allen Metallen, Steinen, von der Erde, den Bäumen, allen Krankheiten, allen Giften, Vögeln und Schlangen, daß sie niemals Baldur ein Leid antun würden. Nachdem Baldur auf diese Weise unverwundbar geworden war, pflegte er die Götter damit zu unterhalten, daß er sie mit Pfeilen auf ihn schießen, mit Schwertern nach ihm schlagen und mit Steinen nach ihm werfen ließ, weil er wußte, daß ihn nichts verwunden konnte.

Es gab jedoch ein Lebewesen, von dem Frigg keinen Eid verlangt hatte; es war ein schlanker Schößling, Mistel genannt, der nicht aus der Erde aufwuchs, sondern auf einer Eiche. Frigg hatte ihn für zu jung und kraftlos gehalten, um Unglück zu stiften, doch Loki, voller Groll gegen den beliebten Baldur, verkleidete sich als alte Frau und entlockte Frigg die Mitteilung über die Mistel; dann heckte er einen Plan aus. Einer der Götter, Odins Sohn Höd, war blind und konnte nicht an dem Zeitvertreib, auf Baldur zu schießen, teilnehmen. Loki schnitt jetzt einen Mistelzweig in Form eines Speeres ab und brachte ihn zu Höd, der sehr stark war; er forderte Höd auf, an dem Spiel teilzunehmen, legte das Geschoß in Höds Hand und lenkte seine Bewegung. Der Mistelspeer durchbohrte Baldurs Körper, und Baldur fiel tot zur Erde.

Dies war das größte Unglück, das jemals Götter oder Menschen befallen hatte. Die Götter waren vor Schreck sprachlos. Da der Unglücksplatz ein heiliger Ort war, konnte Rache nicht auf der Stelle geübt werden. Als sie zu sprechen versuchten, konnten sie nur weinen, doch Odin mußte den bittersten Schmerz ertragen, denn er wußte besser als die anderen, was für ein großes Unglück der Tod Baldurs bedeutete.

Als die Götter sich wieder gefaßt hatten, versprach Frigg jedem ihre Liebe und überreichen Dank, der es versuchen würde, herab zu Hel zu reiten und Lösegeld für die Rückkehr Baldurs anzubieten. Der Held Hermod, ein anderer Sohn Odins, erklärte sich bereit. Er bestieg Odins Pferd Sleipnir und galoppierte davon.

Inzwischen trugen die Götter Baldurs Leichnam an das Ufer des Meeres, wo sie Baldurs großes Schiff Hringhorni als Begräbnisscheiterhaufen vom Stapel lassen wollten, doch das Schiff war zu schwer für die Götter, deshalb sandten sie Botschaft ins Riesenland an die Riesin Hyrrokin, die auf einem Wolf geritten kam, den sie mit einer Schlange zügelte. Schon beim ersten Versuch konnte sie das Schiff vom Stapel lassen, die Gleitrollen entzündeten sich, und die Welt erbebte.

Als Baldurs Leichnam an Bord getragen war, starb seine Frau Nanna vor Schmerz und wurde neben ihm auf den Scheiterhaufen gelegt. Thor entzündete das Feuer mit seinem Hammer. Alle Götter waren anwesend: Odin mit Frigg, seine Walküren und seine Raben; Frey in seinem vom goldenen Eber gezogenen Wagen; Heimdall auf seinem Pferd Goldlocke; Freyja in ihrem Katzenwagen und eine große Menge von Eis- und Felsenriesen. Odin legte seinen goldenen Armreif Draupnir auf den Scheiterhaufen, und auch Baldurs Pferd wurde mit all seinem Geschirr auf den Scheiterhaufen gelegt.

Währenddessen ritt Hermod auf Sleipnir neun Tage und Nächte durch tiefe dunkle Täler herab auf dem gefährlichen Weg in die Unterwelt, bis er die Brücke erreichte, die nur unter dem Fuß eines Lebenden ertönte. Die Mädchen, die die Brücke bewachten, sagten ihm, daß der Weg zu Hel niederwärts und nordwärts führe. Hermod ritt weiter, bis er an das Tor von Hel kam, das Sleipnir in einem mächtigen Satz übersprang, dann ritt er bis zum Palast von Hel und stieg ab. Als er eintrat, sah er seinen Bruder Baldur auf einem Ehrensessel sitzen.

Am nächsten Morgen berichtete Hermod Hel vom Schmerz der Götter und fragte, ob er Baldur den Heimritt nach Asgard erlaube.

Oben: Der kleine Silberanhänger aus Birka in Schweden könnte Baldur, den Weißen Gott, darstellen.

Doch Hel wollte sicher sein, daß Baldur wirklich so geliebt wurde, wie jeder sagte. Deshalb entschied er, sie würden Baldur nur wiederbekommen, wenn alle Geschöpfe der Welt, belebte und unbelebte, für ihn weinen würden; wenn irgend jemand sich weigere, müsse Baldur bleiben.

Als Hermod mit dieser Nachricht nach Asgard zurückkehrte, schickten die Götter Boten in alle Welt, um alle aufzufordern, Baldur durch Tränen von Hel zurückzuholen, und jedermann und jedes Ding tat es, Männer und Tiere, Erde und Steine, Bäume und Metalle.

Auf ihrem Heimweg, als sie schon dachten, ihre Reise sei vollendet, begegneten die Boten einer alten Hexe, die in einer Höhle hockte und sich Thökk nannte. Sie baten die Hexe um Tränen für Baldur, doch sie antwortete:

Thökk will weinen
trockene Tränen
für Baldurs Begräbnis;
ob tot oder lebend,
liebe ich nicht den Sohn des All-Einen.
Laß Hel halten, was sie hat.

Jeder weiß, daß die alte Hexe niemand anders gewesen sein kann als Loki, der den Göttern soviel Unglück gebracht hatte.

Jetzt brach Ragnarök an. Loki war gefangen und gefesselt, doch jetzt brach er aus. Das Universum zerbrach im Abgrund der Zerstörung, doch am Ende von Ragnarök kehrte Baldur zurück vom Tod, in einen neuen wiedererstandenen Himmel:

Ungesäte Felder
ergrünen von Korn,
alle Krankheit wird geheilt,
weil Baldur erscheint.

Die Geschichte seines Todes ist der einzige Mythos von Baldur, den Snorri Sturluson berichtet. In seinem Bericht erscheint Baldur als der unschuldig Geopferte, ein Bild mit entscheidend christlicher Färbung.

In alten Ortsnamen findet sich noch eine leise Erinnerung an einen Baldur-Kult, der vermutlich ein Fruchtbarkeits- und Kriegerkult war. Doch ähnlich wie bei Loki liegt auch Baldurs Bedeutung im nordischen Götterhimmel des Wikinger-Zeitalters nicht in seiner Verbindung zur Menschheit. Er ist vielmehr der Katalysator in den Mythen rund um Ragnarök, das Ende der Welt.

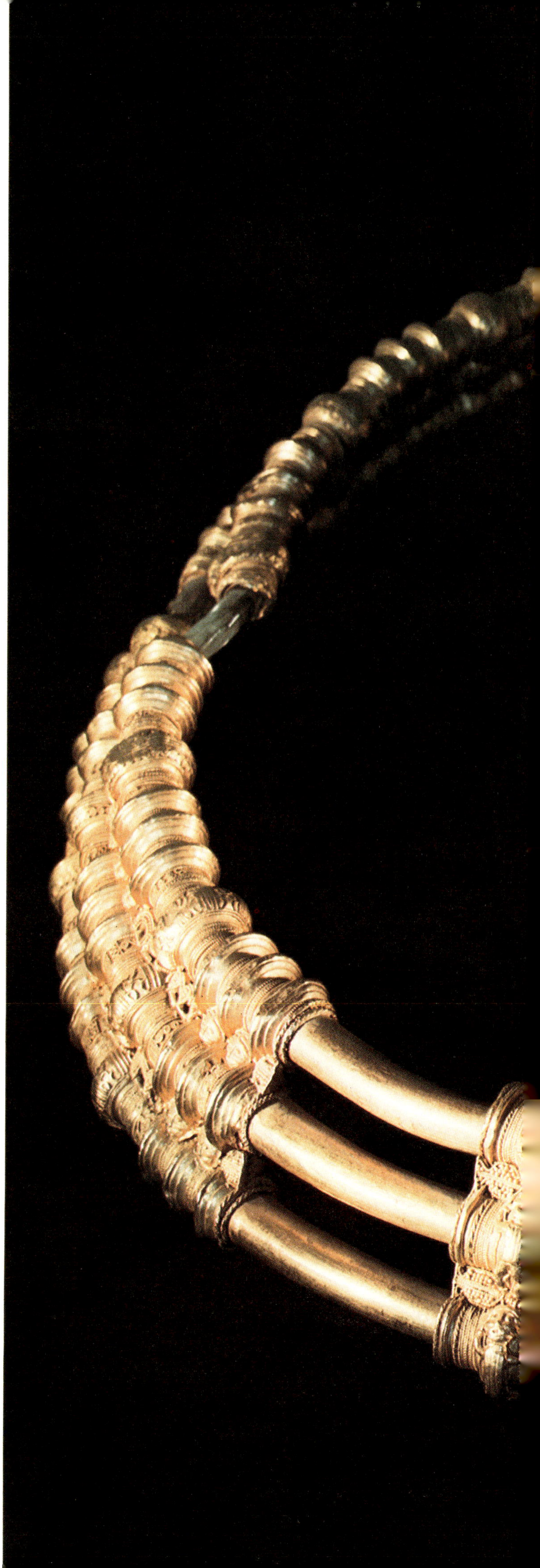

Rechts: Dieses herrliche dreireihige Goldhalsband aus Gotland stellt mit seinem merkwürdigen Gebrauch von winzigen Masken das beste der Handwerkskunst aus der Völkerwanderungszeit dar.

Die Erwählerinnen der Erschlagenen

Walküren, Nornen, Trolle, Zwerge und Erdgeister

Neben den Göttern von Asgard, den Asen und Vanen, gibt es verschiedene Gruppen von niedrigeren Gottheiten und Geistern, die alle in der Geschichte der Menschheit eine Rolle spielen, obwohl nicht alle von ihnen in Gottesdiensten verehrt wurden. Zu ihnen zählen die Trolle, Zwerge, Elfen, niedere Göttinnen und Erdgeister.

Es gibt drei Gruppen von Göttinnen, deren Aufgaben sich oft zu überlagern schienen: die Nornen, die Walküren und die Disir.

Links: Man kann sich die verhangene Gebirgslandschaft Islands, wo die Lava in fantastischen Formen erstarrt ist und die Leere unheimlich wirkt, leicht mit Trollen und Geistern bevölkert vorstellen.

Bei weitem die ältesten unter ihnen waren die Nornen, die die Mächte des Schicksals verkörpern, denen Menschen und Götter, selbst Odin, unterworfen waren. Sie bewachten den Brunnen des Schicksals an den Wurzeln des Weltbaumes Yggdrasil, drei alte Weiber von unermeßlicher und unerbittlicher Macht, verwandt den griechischen Moiren. Ihre Namen waren Urd, Werdandi und Skuld. Die Namen der drei Nornen kann man übersetzen mit Schicksal, Sein und Unvermeidlichkeit, oder noch freier mit Vergangenheit, Gegenwart und Zukunft. In den „Gesichten der Seherin" erscheinen drei gewaltige Frauen, die den ersten Schatten über das goldene Zeitalter von Asgard werfen:

Brettspiele im Grünen
spielten sie fröhlichen Herzens,
niemals hatten sie
Mangel an Gold;
bis da erschienen
drei Riesenmädchen,
fürchterlich mächtig,
vom Riesenland.

Wenn diese drei mächtigen Mädchen, geboren von Riesen, die Nornen waren, müssen sie verstanden werden als Verkörperungen der Zeit, die die zeitlose Existenz der jungen Götter zerstörten und ihre Unsterblichkeit beendeten; denn Zeit und Schicksal waren die unerbittlichen Mächte, denen sich selbst die Götter zu beugen hatten.

Die Walküren, die Wählerinnen der Erschlagenen, wurden in späteren Mythen etwas romantisch als die Kriegsmägde Odins dargestellt. Ursprünglich waren sie jedoch Dämonen des Todes und des Gemetzels, die wie Wölfe die Leichen der Schlachtfelder verschlangen. Darin gleichen sie den griechischen Furien mit ihrem Durst nach Vergeltung und blutiger Rache. Das spiegelte sich in ihren Namen, etwa in Hlökk (die Würgerin), Göll (die Kreischerin) und Skögul (die Raserin).

Nach der Niederlage der Wikinger in der Schlacht von Clontarf

in Irland im Jahre 1014 schilderte ein nordischer Dichter die Walküren in ihrer ursprünglichen Form, wie sie im Blut schwelgen und das Gewebe des Krieges weben. Die Beschreibung findet sich in der *Njal-Saga*, einem dichterischen Meisterwerk aus Island vom 13. Jh.:

Blut tropfte
vom traurigen Gewebe
auf dem großen Webstuhl des Gemetzels.
Gewebe von Männern,
in grauen Rüstungen,
wird jetzt gewebt;
die Walküren
werden es kreuzen
mit blutrotem Schußfaden.

Den Kettfaden bilden
Gedärme der Männer;
Männerköpfe
sind die Gewichte;
die Weber-Bäume
sind blutnasse Speere;
die Schaftlitzen mit Eisen beschlagen,
Pfeile die Weberschiffchen.
Mit Schwertern wollen wir weben
das Schlachtgewebe ...

Schrecklich ist es,
jetzt umzublicken,
wie eine blutrote Wolke
verdunkelt den Himmel.
Die Himmel sind gefärbt
mit dem Blut der Männer,
wenn die Walküren
singen den Sang...

Laßt uns reiten die Pferde
schnell mit blankem Rücken,
mit gezückten Schwertern,
fort von hier.

Sammlerinnen der Erschlagenen: Die Walküren waren ursprünglich Dämonen des Blutbades. Sie wurden später in der Mythologie die Kriegerschankmädchen Odins, die die Helden für Walhall aussuchten und dort für ihre Bedürfnisse sorgten.
Ganz links: Eine Walküre heißt einen berittenen Krieger mit einem Trinkhorn Bier willkommen. Detail eines Bildsteines des 8. Jh. aus Gotland.
Oben links: Dieses „Füllhorn des Reichtums", das in einem Wikingergrab gefunden wurde, enthielt die kostbarsten Besitztümer des Toten.
Oben: Der Silberanhänger aus dem 6. Jh., der in einem Grab in Schweden gefunden wurde, stellt eine Walküre dar, die ein Trinkhorn darbietet.

Unten: Der vergoldete Silberanhänger aus Uppland in Schweden aus dem 6. Jh. wird gewöhnlich als Walküre gedeutet. Die Gestalt trägt ihr Haar als dicken Zopf im Nacken und ein riesiges Halsband hängt über ihrem Umhang. Sie ähnelt stark der Figur der Walküre auf dem Gotlandstein.

Diese leichenfressenden Walküren sind weit entfernt von den lieblichen Amazonen, die Odins gefallene Helden vom Schlachtfeld führen und sie in Walhall mit Trinkhörnern bewillkommnen. Sie sind noch weiter entfernt von den romantisierten Gestalten, die in den germanischen Heldensagen eine Rolle spielen. Die berühmteste dieser Walküren war Brünhild, die Heldin in der Geschichte des Wälsungen Sigurd (des Siegfried im germanischen Nibelungenlied, das Wagner als Grundlage für den Ring der Nibelungen wählte). Geschichte und Sage sind hier hoffnungslos verwickelt. Brünhild und Sigurd sind mutmaßlich die dichterische Fassung eines historischen Paares, des fränkischen Königs Sigebert (ermordet 575) und seiner westgotischen Gemahlin aus Spanien, Königin Brunhilda (gestorben 613).

In der Sage erscheint Brünhild in einer Doppelrolle, als übernatürliche Walküre und als menschliche Prinzessin. Wir kennen sie aus einem der Lieder der Edda, als Sigrdrifa (Siegspenderin), eine Walküre, die den Zorn Odins auf sich geladen hatte, weil sie den Sieg in der Schlacht dem bösen König zugewendet hatte. Für diesen Ungehorsam wurde sie in einen Zauberschlaf gesenkt und mit einem Wall von Feuer umgeben. Niemand außer dem größten Helden der Welt konnte diesen Feuerwall überwinden, um sie zu wecken. Der Mann, der dies erreichte, war der furchtlose Wälsunge Sigurd (wir kommen auf die Geschichte von Sigurd und Brünhild im letzten Kapitel zurück).

In ihrer übernatürlichen Gestalt stellte man sich die Walküren als Schutzgeister vor, *fylgjur* (Holende) genannt, die auserwählte Helden und ihre Familien unterstützten und ermutigten. Diese Aufgabe lag jedoch mehr im Bereich der dritten Gruppe weiblicher Geister, der *disir* oder Göttinnen. Snorri Sturluson verbindet sie mit Freyja, der großen *dis,* weil sie die Macht über die Kräfte des natürlichen Wachstums besitzt. Aus anderen Quellen wird deutlich, daß die *disir* als Schutzgöttinnen gedacht waren, die einer bestimmten Familie oder einem Stamm Hilfe leisteten. Anders als die Nornen und Walküren gab es von den *disir* Kultfiguren, die in öffentlichen und häuslichen Feiern verehrt wurden, besonders in Schweden. Ein Fest, *disablot* (Opfer für die *disir*) genannt, wurde zu ihren Ehren zu Beginn des Winters gehalten. Sie wurden geschildert als Besucherinnen der Häuser, um Glück zu bringen und neugeborenen Kindern Segen zu erteilen; ähnlich wie die gute Fee in den Märchen. Im allgemeinen galten die *disir* als den Menschen wohlgesinnt, sie konnten aber auch erbarmungslos sein. In den isländischen Sagas gibt es verschiedene Hinweise auf einen jungen Mann namens Thidrandi („den die disir erschlugen"). Thidrandi war der Sohn des Hall von Sida, der als einer der ersten isländischen Häuptlinge sich vor dem Jahr 1000 zum Christentum bekehrte. Die *Saga von Thidrandi und Thorhall* gibt einen genauen Bericht über seinen Tod. Sein Vater, Hall von Sida, hielt ein Herbstfest, vielleicht ein disablot. In der Nacht, als alle Gäste zu Bett gegangen waren, hörte man lautes Pochen an der Tür. Der junge Thidrandi stand auf und ging zur Tür, wobei er sein Schwert mitnahm. Draußen war niemand zu sehen, doch Thidrandi trat vor das Haus, um sich umzuschauen. Von Norden hörte er das Donnern galoppierender Pferde, und zunächst glaubte er, es seien späte Festgäste, doch dann erblickte er neun Frauen, alle in schwarzen Gewändern, die gezückte Schwerter schwangen. Auch von Süden hörte er Reiter kommen, es war ebenfalls eine Gruppe von neun Frauen, doch diese trugen weiße Kleider und ritten weiße Pferde. Thidrandi versuchte ins Haus zurückzulaufen, doch die schwarzgekleideten Frauen schnitten ihm den Weg ab. Thidrandi verteidigte sich tapfer, doch bevor die weißen Frauen ihm zu Hilfe kommen konnten, hatte er eine tödliche Wunde erhalten. Bevor er starb, erzählte er, was sich ereignet hatte, und der Freund seines

Vaters, der Seher Thorhall, deutete das Geschehen. Er erklärte, die schwarzen Frauen seien disir gewesen, die Schutzgeister der Familie, die erfahren hatten, daß Hall von Sida und seine ganze Familie und bald auch ganz Island den neuen Glauben annehmen wollten. Sie hätten sich jetzt ihr letztes Opfer von der Familie geholt. Die weißen Frauen seien die Schutzgeister des neuen Glaubens, die aber in einem noch heidnischen Land nicht mächtig genug seien, um den Tod eines ihrer Schützlinge abzuwehren.

Die mehr irdischen Geister, die Riesen der Schöpfungsmythen, die im Riesenland lebten, waren eine übelwollende Rasse, unversöhnliche Gegner der Götter und Menschen. Man glaubte allgemein, daß sie Berge und Höhlen bewohnten, und nannte sie Trolle. In Island, wo groteske vulkanische Bildungen es leicht machten, diese als Schreckgestalten zu erkennen, waren die Trolle gewöhnlich mit diesen besonderen Kennzeichen der Landschaft verbunden. Obwohl die meisten Trolle für bösartig und dumm gehalten wurden, leicht durch die klügeren Menschen zu betrügen, stiegen einige als Schutzgeister fast zu göttlichen Ehren auf, wie Bard von Snaefellsness in Island, von dem viele Abenteuergeschichten berichtet werden. In Norwegen wurde der Berg von Dovrefell für

Unten: Einige Riesen in der skandinavischen Mythologie wurden als gütige Schutzgeister angesehen, so wurde der Riese Dofri als Schutzpatron und Vormund König Harald Schönhaars von Norwegen betrachtet. Diese Miniatur aus dem isländischen Kodex Flateyjarbok zeigt, wie König Harald die Fesseln des Riesen durchschneidet, der dann sein Pflegevater in der Volksüberlieferung werden sollte.

die Wohnung des Riesen Dofri gehalten, der als Schutzgeist galt und als Pflegevater des Königs Harald Schönhaar, des tatkräftigen Herrschers, der im 9. Jh. Norwegen zum ersten Mal unter einer Krone einigte.

In den Schöpfungsmythen treten die Zwerge zunächst als Maden auf, die den Körper des Urriesen Ymir quälen. Sie waren die besten Handwerker der Welt, die Schmiede aller großen Schätze der nordischen Mythologie und der Behältnisse geheimer Weisheiten. Sie lebten in Felsen oder unter der Erde, und wenn sie verführt werden konnten, ans Tageslicht zu kommen, wurden sie in Steine verwandelt. Es gibt keine Beweise für eine Verehrung von Zwergen, doch die Menschen begegneten ihnen sicherlich mit Vorsicht, und sie bewunderten ihre Geschicklichkeit. Man achtete darauf, sie nicht zu beleidigen oder ihnen etwas zu stehlen, denn solch ein Besitz war gewöhnlich mit einem Fluch behaftet.

Die Elfen, eine andere Art von Erdgeistern, erlitten im Laufe der Jahrhunderte eine gewisse Minderung ihrer Bedeutung und Macht. In den Schöpfungsmythen sind sie gewöhnlich mit den Göttern selbst verbunden, stehen allerdings in der Hierarchie eine Stufe tiefer. Snorri Sturluson unterscheidet als einzige Quelle zwischen Lichtelfen und Dunkelelfen. Die Lichtelfen, schöner als die Sonne, lebten in Alfheim (Elfenwelt), einem herrlichen Platz, der an Asgard grenzte. Die Dunkelelfen, schwarz wie Pech, lebten unter der Erde. In dem „Gesicht der Seherin" teilen die Elfen mit den Göttern die Schrecken von Ragnarök: „Was machen die Götter? Was machen die Elfen?" ist der Refrain, der sich durch die Verse dieses Gedichts zieht.

Weil sie in Hügeln lebten, wurden die Elfen in den Märchen häufig mit dem Tod verbunden. Olaf, ein norwegischer König des 9. Jh., der als Onkel des Königs Harald Schönhaar gilt, trug den Spitznamen ‚Elf von Geirstadir', nachdem die Menschen begonnen hatten, in Zeiten von Hungersnot und Seuchen an seinem Grabhügel zu opfern. In der isländischen *Kormaks-Saga* wird ein Beispiel berichtet von einem Isländer, der den Elfen opferte. Er war in einem Duell verwundet worden und erhielt Heilung, nachdem er vor einem von Elfen bewohnten Hügel einen Stier geschlachtet, den Hügel mit seinem Blut beschmiert und das Fleisch als Opfergabe zurückgelassen hatte. In den späteren Märchen wurden die Elfen zu einem kleinen heimeligen Völkchen, freundlich in den meisten Fällen gegenüber den Menschen; sie besaßen gewisse Zauberkräfte, doch es war trotzdem gefährlich, ihnen in den Weg zu kommen. Sie konnten Menschen heiraten, aber das Ergebnis war gewöhnlich tragisch.

Schließlich gab es noch die *landvaettir* (Erdgeister). Man stellte sie sich als Kräfte vor, gewöhnlich unsichtbar, die in der Erde selbst lebten und für ihr Gedeihen verantwortlich waren. Man hatte ihnen mit viel Achtung zu begegnen. In der ersten heidnischen Gesetzsammlung Islands, die 930 beim ersten Zusammentreten des isländischen Parlaments eingeführt wurde, bestimmt der 1. Paragraph, daß sich niemand dem Land in Schiffen geschmückt mit Drachenköpfen nähern dürfe. Wenn die Schiffe Drachenköpfe trugen, mußten sie, bevor das Land gesichtet wurde, abgenommen werden, um die Erdgeister nicht zu erschrekken.

Die ersten Wikingersiedler auf Island achteten besonders darauf, die Geister des großen Landes, das sie besetzen wollten, nicht zu beleidigen. Der erste Siedler, Ingolf Arnarson, warf, als er das Land erreicht hatte, die geschnitzten heiligen Pfeiler vom Hochsitz seiner Ahnen in Norwegen, die mit Götterbildern geschmückt waren, über Bord und gelobte sein Haus dort zu errichten, wo sie ans Ufer gespült würden. Tatsächlich schickte er die Hochsitzpfeiler als Botschafter des guten Willens für die Erdgeister voraus, wobei er hoffte, sie würden die Pfeiler zu einem Ort geleiten, der für ihn annehmbar war. Seinem Beispiel folgten viele der späteren Siedler.

Snorri Sturluson berichtet in seiner großen *Heimskringla* (Geschichte der Könige von Norwegen) eine köstliche Geschichte über die Erdgeister Islands und wie sie das Land vor einer Invasion retteten. Es scheint, daß König Harald Gormsson von Dänemark, gekränkt durch gewisse Widerstände gegen seine Königsgewalt, im späten 10. Jh. den Plan faßte, Island zu erobern. Als Teil seines Planes befahl er einem Zauberer, das Land zu erkunden. Der Zauberer schwamm in Gestalt eines Wals nach Island und stellte fest, daß es auf den Bergen und Hügeln von Erdgeistern wimmelte. Im ersten Fjord, den er besuchte, begegnete ihm ein großer Drache, begleitet von einer Menge anderen Gewürms, die Gift gegen ihn spuckten. Im zweiten Fjord stürzte sich ein riesenhafter Adler, dessen Flügelspitzen die Berge berührten auf ihn nieder, unterstützt durch große Schwärme anderer Vögel. Im dritten Fjord stürmte ein riesenhafter Stier unter schrecklichem Brüllen zu ihm aufs Meer hinaus. Im vierten Fjord trat ihm ein großer Felsriese entgegen, bewaffnet mit einer Eisenstange und unterstützt von einer Legion weiterer Riesen. Als er das gesehen hatte, kehrte der Zauberer nach Norwegen zurück und riet König Harald, die Invasion abzublasen. Diese vier Symbole, Riese, Adler, Stier und Drache, stehen jetzt im Wappen von Island.

Obwohl sie weniger aufsehenerregend waren als die Götter von Asgard, überlebten die verschiedenen Geister und kleinen Göttinnen die Ausbreitung des Christentums weit hartnäckiger als die großen Götter. In den ältesten Kirchengesetzen der skandinavischen Länder wurde weit größerer Nachdruck auf die Verurteilung des Glaubens an die Erdgeister gelegt als auf die Ausrottung des Glaubens an heidnische Götter. Im späteren Mittelalter war es noch bei Frauen gebräuchlich, Speisen als Opfer für die Erdgeister vor Höhlen oder Hügel niederzulegen, und noch in unseren Tagen versucht das bäuerliche Volk, sich mit diesen unsichtbaren Kräften gutzustellen.

Die Zwerge waren die sagenhaften Handwerker im Skandinavien der Wikingerzeit. Die meisten der berühmten Schätze in den Sagen werden ihnen zugeschrieben.
Rechts: Viereckige Brosche aus Jütland in Schweden aus der Völkerwanderungszeit. Derartig kunstvolle Schmuckformen verband man in den Mythen der Wikinger gerne mit der Handwerkskunst der Zwerge.
Innen: Ein Zwerg bei der Arbeit in seiner Schmiede. Teil der Seite eines Taufbeckens in Gotland aus dem 12. Jh.

Der Weg zu Hel

Der Tod und das Leben nach dem Tod

In der nordischen Mythologie ist Hel der Name sowohl für die Unterwelt selbst als auch für die schreckliche Göttin, die diese beherrscht, die Königin des Todes. In den Schöpfungsmythen wird noch eine weiter entfernte Unterwelt erwähnt, Niflhel oder Niflheim (Nebelhölle oder Nebelwelt) genannt, und dieses Gebiet des äußersten Nichts bestand schon vor der Erschaffung der Welt. Es war der Nordteil von Ginnungagap, der großen Leere. In den Liedern der Edda gibt es Anzeichen dafür, daß es verschiedene Rang-

Links: Die aufgerichteten Steine bezeichnen eine Begräbnisstätte der Wikinger in Schiffsform, sie befindet sich in Blomsholm in Bohuslän.

stufen der Unterwelt gab, unter denen Niflhel dichterisch die Endstufe bedeutete:

Durch neun Welten kam ich
auf dem Weg nach Niflhel,
wo der Tod von Hel kommt.

Die Quellen vermitteln kein eindeutig klares Bild von Hel. Es ist eine formlose Region von mächtigen Räumen und Hindernissen, eine Unendlichkeit von Dunkelheit und Kälte. Die Straße zu Hel, der Hel-Weg, führt niederwärts und nordwärts. Für den Toten ist es eine lange und gefährliche Reise über Gebirge, durch Wälder und tiefe, dunkle Täler. Die Mündung des Totenweges scheint eine dunkle Höhle gewesen zu sein, bewacht von Garm, einem furchterregenden Hund mit blutbeschmierter Brust. Nahe beim Ende des Totenweges fließt der Grenzfluß Gjöll (Geheul), über den die Gjöll-Brücke führte. Die Brücke war gedeckt mit glühendem Gold und bewacht durch geheimnisvolle Mädchen. Etwas weiter befand sich das Tor der Unterwelt, Hels-Tor, und dahinter lag die Halle des Todes, wo Hel selbst herrschte.

Wenn auch das Gebiet von Hel in den Quellen nicht sehr klar geschildert wird, so hat uns Snorri Sturluson von Hel selbst ein sehr deutliches Porträt hinterlassen. Hel war, zusammen mit dem Wolf Fenrir und der Weltschlange, eine der monströsen Nachkommen von Loki und der Riesin Angrboda. Nach Snorri sah Hel aus wie ein verwesender Leichnam, halb schwarz, halb noch fleischfarbig: „In Niflheim hat Hel einen mächtigen Palast mit riesenhohen Mauern und großen Toren. Ihr Palast heißt Eisregen, ihre Schüssel heißt Hunger, ihr Messer Hungersnot, ihr Diener wird Greisenhaftigkeit gerufen, ihre Dienerin die kindisch Werdende, ihr Eingang heißt Wolfsfalle, ihre Spindel Bettlägrigkeit, ihre Bettvorhänge jammervolle Schwäche."

In der Blütezeit des Odin-Kults wurde ein Unterschied gemacht zwischen dem ehrenwerten Tod, den Krieger, die als Odins Gäste nach Walhall kamen, auf dem Schlachtfeld erlitten, und dem unehrenhaften Tod der im Bett Gestorbenen, die zu Hel geschickt wurden. Am Ragnarök-Tag würden Odins Helden Seite an Seite mit den Göttern kämpfen, die Toten von Hel jedoch gegen sie. Es gibt auch eine Anspielung darauf, daß Hel einen besonderen Platz zur Bestrafung der Bösen enthält, besonders für solche Männer, die zwei für den nordischen Ehrenkodex besonders abstoßende Sünden begangen hatten, Flucht und Mord. Im „Gesicht der Seherin" heißt es:

Eine Halle sah sie stehn
fern von der Sonne,
mit Toren nach Norden,
am Ufer der Leichen.
Tropfen von Gift
fielen durch den Rauchfang;
die Halle ist umgeben
von Schlangengezüngel.

Sie sah dort waten
durch schäumendes Wasser
meineidige Männer
und Mörder
und Ehebrecher
mit den Frauen der andern.

Man hat vielfach angenommen, dieser Fegefeueraspekt in Hel zeige den Einfluß des Christentums auf das Denken der Wikinger, und das mag richtig sein. Die ursprüngliche Vorstellung von Hel scheint eng zusammenzuhängen mit der etymologischen Bedeutung des Wortes als ‚Platz der Geheimhaltung' mit anderen Worten: mit dem Grab.

Es gab keine Übereinstimmung über die Art, wie die Nordmänner Tod, Grab und ein Leben nach dem Tod ansahen. Im allgemeinen glaubte man, daß das Leben nach dem Tod in einer ähnlichen Form weiterginge und daß zwischen Lebenden und Toten ein dauernder Kontakt bestehe. Doch die Weise dieses Lebens nach dem Tod wurde sehr verschieden beschrieben. Vereinfacht kann man die verschiedenen Ansichten unter zwei Hauptgesichtspunkten sehen, die Vorstellung, daß der Tote im Grab selbst weiterlebe, und die Vorstellung, daß der Tote vom Grab auf eine Reise gehe.

Die zweite Vorstellung findet sich vor allem in der Mythologie von Asgard und wird symbolisiert durch den Besuch des Helden Hermod bei Hel, wo er versucht, Baldur zurückzuholen, und durch die Reise, die Odin selbst machte, um Kenntnis von der Zukunft zu erlangen. Obwohl er einen übernatürlichen fliegenden Hengst wie Sleipnir ritt, dauerte die Reise neun Tage und Nächte. Für

Die Bildsteine aus Gotland, die meist aus der frühen Wikingerzeit stammen, sind besonders reich an Bildmotiven. Sie zeigen gefallene Krieger auf dem Weg nach Walhall, wo sie sich Odins Elitetruppe zugesellen werden.
Rechts: Der Bildstein aus Larbö in Gotland stellt einen toten Krieger auf dem Rücken von Odins achtbeinigem Pferd Sleipnir dar. Die drei Männer mit dem nach unten gerichteten Schwert zeigen Tod an. Im unteren Bildstreifen ist ein berittener Krieger dargestellt, der von vier anderen zu Fuß begleitet wird. Er wird am Eingang von Walhall durch eine Gestalt mit einem Trinkhorn begrüßt.
Unten: Der Ort Walhall wird gewöhnlich auf den Bildsteinen als Hütte dargestellt. In den literarischen Quellen jedoch besaß Walhall 940 Eingänge, und durch jeden konnten beinahe tausend Krieger Schulter an Schulter einmarschieren. Die Gefallenen verbrachten ihre Tage bei Spiel und Kämpfen und ihre Nächte beim Feiern und Saufen.

die Toten dauerte die Fahrt sehr viel länger, außer wenn sie das Glück hatten, durch die Walküren zur Fahrt nach Walhall gewählt zu werden, als Mitglied von Odins Heldenschar.

Die Toten wurden in ihre Grabhügel gebettet mit reichen Vorräten an Nahrungsmitteln und Ausrüstung, Rüstungen, persönlichem Besitz, Schmuck, Schätzen und sogar Ackerbaugeräten. Dieser Brauch sollte den Toten sowohl auf ihrer Reise zur anderen Welt helfen als auch ihnen dort ein gleiches Ansehen vermitteln. Durch die Zurschaustellung großer Reichtümer beim Begräbnis wollte man aber zweifellos auch bei den lebenden Nachbarn Eindruck erwecken. Ähnlich liegt in dem Brauch, ein oder mehrere Pferde und auch Hunde mit dem Toten zu verbrennen, eine doppelte Absicht. Sie symbolisieren sowohl ein Geschenk oder Opfer an die Götter, wie sie auch Transportmittel und Begleiter auf dem Weg zu Hel darstellen.

In der *Gisli-Saga,* einer der isländischen Sagas des 13. Jh., findet sich eine Beschreibung des Leichenbegängnisses von Vestein, dem Opfer eines Mörders, bei dem besondere Schuhe, Hel-Schuhe genannt, dem Toten für seinen langen Weg zur Unterwelt angezogen werden. Es ist dies der einzige schriftliche Bericht auf Hel-Schuhe, der sich erhalten hat, und es scheint, daß er sich nur wegen der besonderen Umstände dieses Begräbnisses erhalten hat. Thorgrim, der Mann, der die Hel-Schuhe zuknöpfte, war Vesteins Meuchelmörder, und nachdem Thorgrim wiederum aus Rache durch den Helden der Saga, Gisli Sursson, erschlagen war, erinnerte man sich an die Begebenheit mit den Hel-Schuhen, und bei Thorgrims Schiffsbegräbnis machte Gisli etwas Ähnliches. Bei Vesteins Begräbnis hatte der Mörder gesagt, „wenn diese sich lösen, weiß ich nicht, wie man Hel-Schuhe bindet". Bei Thorgrims Begräbnis packte Gisli einen großen Felsen in das Schiff, um es im Grab zu verankern und sagte: „Wenn dieser Anker sich löst, weiß ich nicht, wie man ein Boot sichert."

In der Vorstellung von der Verankerung eines Bootes im Grab ist ein offensichtlicher Widerspruch, da das Schiff ja ursprünglich eine weit ältere Vorstellung von einer Fahrt in die Unterwelt widerspiegelt. Doch diese Sitte steht nicht allein da. Das berühmte Oseberg-Schiff, das 1904 in Norwegen aus einem Grabhügel ausgegraben wurde und vermutlich das Grab einer norwegischen Kö-

Der vierrädrige Karren, der im Schiffsgrab von Oseberg gefunden wurde, ist reich geschnitzt und voller Motive der Wikingermythologie und Sagenwelt. Er scheint für Zeremonienzwecke benutzt worden zu sein, vielleicht für den Transport von Götterbildern. Oben: Der Wagenkörper ruhte auf einzelnen geschnitzten Holzteilen, die als Auflager dienten. Sie endeten in strengen Menschengesichtern.

nigin des 9. Jh. war, war verankert durch ein Tau, das um einen großen Felsen in dem Hügel geschlungen war. Das Oseberg-Schiff ist nur eines von Hunderten aus Bootsgräbern, die in Skandinavien ausgegraben wurden (fünf fanden sich in Island als Bestätigung der verschiedenen Hinweise in den Sagas). Einige der Boote lagen mit dem Kiel nach oben, bei anderen Gräbern wurde das Schiff nur symbolisiert durch Steine, die rund um das Grab gestellt wurden. Die Vorstellung von der Totenfahrt, die so eindrucksvoll im Begräbnis von Baldur beschrieben wird, war in solchen Fällen verdrängt worden durch die weniger klare Vorstellung vom Schiff als zum Tod gehöriger Gegenstand und möglicherweise auch als Symbol der Wiedergeburt. Der Beweis der Archäologen paßt selten genau auf Beschreibungen der Dichtung.

Die dichterischen Quellen lassen auch erkennen, daß der Tote menschliche Begleitung nötig hatte. Das isländische *Landnamabok* (Siedlungsbuch) berichtet, daß beim Schiffsbegräbnis für Asmund Atlason, einen der frühen Siedler, sein Diener mit ihm verbrannt wurde. Einige Zeit später hörte man Asmund in seinem

Grabhügel Verse singen, in denen er gegen die Begleitung des Sklaven Einspruch erhob und lieber allein sein wollte. Darauf öffnete man den Grabhügel, entfernte den Körper des Dieners, und nun verhielt sich Asmund für immer still.

Der arabische Reisende Ibn Rustah, der in der ersten Hälfte des 10. Jh. die skandinavischen Siedlungen an der Wolga besuchte, schrieb: „Wenn einer ihrer Häuptlinge stirbt, machen sie ein Grab so groß wie ein Haus und setzen ihn hinein. Mit ihm begraben sie seine Kleider, seine goldenen Broschen und auch viel Nahrungsmittel, Trinkgefäße und Münzen. Auch seine Lieblingsfrau wird ihm noch lebend mit ins Grab gegeben, erst danach verschließen sie den Eingang zum Grab, und sie stirbt darin."

Menschenopfer zur Begleitung der Toten hat man an verschiedenen archäologischen Ausgrabungsplätzen entdeckt. Die Königin im Oseberg-Schiff war begleitet von einer jungen Dienerin, andere Beispiele fanden sich in Schweden und auf der Insel Man. Ibn Fadlan, ein anderer arabischer Reisender in Rußland, war 922 Zeuge eines Wikingerbegräbnisses an der Wolga und hinterließ

Oben links: Auf der einen Wagenseite ist eine Frau mit wallendem Haar dargestellt, die den Schwertarm eines Mannes festhält; dieser will einen Reiter niederschlagen, der von einem Hund begleitet wird; darunter ein Fries von sich windenden Schlangen und Greiftieren.
Ganz oben: Ein singender Mann, umringt von Schlangen. Eine Darstellung von einem der vier Schlitten, die den Oseberg-Wagen begleiteten.
Oben: Diese Szenen an der Vorder- und Hinterfront des Oseberg-Wagens ähneln denen der Schlitten; sie zeigen ein wildes Durcheinander von Schlangen und Tieren, die einen einzelnen Mann angreifen. Das Motiv wird mit dem Tod Gunnars in der Schlangengrube in Verbindung gebracht.

der Nachwelt eine sehr lebendige Beschreibung der erstaunlichen Begräbnissitten:

„Man sagte mir, daß die Verbrennung, wenn einer ihrer Häuptlinge gestorben sei, der letzte Akt des Begräbnisses sei ... Nach dem Tod eines Häuptlings fragte seine Familie die Diener und Dienerinnen: ‚Wer will mit ihm sterben?' Einer von ihnen antwortet dann: ‚Ich will es.' Danach gibt es keinen Rücktritt mehr... Die meisten, die einwilligten, waren Dienerinnen... Nachdem ein Mädchen eingewilligt hatte, erhielt sie zwei Dienerinnen, die alles tun mußten, was sie wollte, und ihr sogar die Füße mit ihren Händen wuschen. Die anderen trafen jetzt die Vorbereitungen für den Toten. Sie richteten seine Kleider und taten alles, was getan werden mußte. Die Dienerin aber trank und sang jeden Tag glücklich und voll Freude.

Als der Tag kam, an dem der Tote zusammen mit seiner Dienerin verbrannt werden sollte, ging ich zum Flußufer, wo das Schiff lag. Das Schiff war auf Land gezogen und wurde durch vier Pfosten von Birke oder anderem Holz gestützt, darum war weiteres Holz zu einer Pyramide aufgehäuft... Der Tote lag in diesem Augenblick noch in seinem Grab. Jetzt brachten sie eine Bahre, die in das Schiff gestellt wurde, und verkleideten sie mit byzantinischen Brokatteppichen und Brokatdecken.

Jetzt kam eine alte Frau, die sie Engel des Todes nannten, und breitete Vorhänge um die Bahre. Sie sollte den Toten einbalsamieren und zurechtmachen, und sie tötet später auch das Mädchen. Die Frau, die ich hier sah, war sehr groß und von abschreckender Figur. Als sie zum Grab kam, zitterte der Boden... Der Leichnam stank noch nicht, und nur die Farbe des Fleisches hatte sich verändert. Die Frau zog der Leiche jetzt Unterhosen, Hosen, Stiefel und Wams an und darüber einen Brokatmantel mit Goldknöpfen. Eine Mütze aus Brokat und Zobel setzte sie ihm auf den Kopf, dann trug sie ihn in ein Zelt, das auf dem Schiff stand, legte ihn auf die Teppiche und stützte ihn mit den Kissen, dann brachte sie *nabidh* (ein vergorenes Getränk), Früchte, süßduftende Kräuter und legte sie neben ihn, anschließend brachte sie Brot, Fleisch und Zwiebeln und legte sie neben ihn. Jetzt nahmen sie zwei Pferde, die sie rennen ließen, bis sie schwitzten, worauf sie sie mit einem Schwert in Stücke hackten und ihr Fleisch in das Schiff warfen. Nun brachten sie zwei Kühe, die sie ebenfalls in Stücke hackten und ins Boot warfen. Die Dienerin, die mit ihrem Herrn sterben wollte, ging von einem Zelt zum andern, und in jedem Zelt schlief ein Mann mit ihr und sagte: ‚Berichte deinem Herrn, daß ich dies aus Liebe für ihn getan habe.'

Jetzt war es Freitagnachmittag, sie führten die Dienerin zu etwas, das aussah wie der Rahmen einer Tür. Die Dienerin trat in die Hände von Männern und wurde hochgehoben, so daß sie über dem Rand des Türrahmens stand, und sie sagte etwas, und zwar tat sie das dreimal ... Dann gaben sie ihr ein Küken, sie schnitt den Kopf ab und warf es fort, dann nahm sie ein Huhn und warf es in das Schiff. Ich fragte, was sie getan habe, und mein Dolmetscher antwortete: ‚Wenn sie das erste Mal hochgehoben wird, sagt sie, schaut, ich sehe meine Mutter und meinen Vater, beim zweiten Mal sagt sie, schaut, ich sehe alle meine toten Verwandten zusammensitzen, und beim dritten Mal sagt sie, schaut, ich sehe meinen Herrn im Paradies sitzen, und das Paradies ist schön und grün und zusammen mit ihm sind Männer und Knaben, er ruft mich, also laßt mich zu ihm gehen.' Jetzt führten sie die Dienerin zum Schiff, die Dienerin zog jetzt zwei Armreifen ab und gab sie der alten Frau, die Engel des Todes genannt wurde und die sie töten sollte. Dann zog sie auch zwei Fußringe ab und gab sie den beiden Mädchen, die sie bedient hatten und die die Töchter der alten Frau waren. Sie setzten die Dienerin in das Schiff, erlaubten ihr aber nicht, das Zelt zu betreten. Jetzt kamen Männer mit Schilden und Stäben und gaben ihr einen Becher von *nabidh*. Sie sang über den Becher und trank ihn aus. Mein Dolmetscher sagte mir: ‚Jetzt nimmt sie Abschied von ihren Freunden.' Ein zweiter Becher wurde ihr gegeben, sie nahm ihn und sang lange Zeit, doch die alte Frau drängte sie, schnell auszutrinken und in das Zelt zu gehen, wo ihr Herr lag. Als ich sie anschaute, schien sie betrunken zu sein, sie wollte nicht in das Zelt gehen und streckte nur ihren Kopf in das Zelt. Da nahm die alte Frau sie bei der Hand und ging mit ihr in das Zelt. Jetzt schlugen die Männer mit den Stäben auf die Schilde, so daß ihre Schreie nicht gehört werden konnten und die anderen Mädchen darüber erschraken und deshalb nicht mit ihren Herren sterben wollten. Jetzt gingen sechs Männer in das Zelt, und alle schliefen mit dem Mädchen. Dann legten sie sie an die Seite ihres Herrn, zwei hielten ihre Beine, zwei andere ihre Hände, und die alte Frau, die Engel des Todes genannt wird, schlang eine Schnur um ihren Hals und gab die Enden zwei Männern zum Ziehen. Sie selbst nahm einen Dolch mit breiter Klinge und fing an, immer wieder zwischen die Rippen des Mädchens zu stoßen, während die beiden Männer sie mit der Schnur erwürgten, bis sie tot war.

Jetzt kam einer der nächsten Verwandten des Toten. Er nahm ein Stück Holz und zündete es an, er ging rückwärts zum Schiff mit dem Gesicht zum Volk, hielt die Fackel in der einen Hand, seine andere Hand lag auf seinem Rücken, er war nackt. So wurde das Holz, das unter dem Schiff lag, angezündet, nachdem sie die getötete Dienerin an die Seite ihres Herrn gelegt hatten. Einer der Männer sagte zu mir: ‚Ihr Araber seid dumm.' ‚Warum?' fragte ich, und er antwortete: ‚Weil ihr diejenigen, die ihr liebt und am höchsten ehrt, in die Erde legt, wo Würmer und Erde sie fressen. Wir aber verbrennen sie in einem Augenblick, so daß sie im selben Moment ins Paradies gehen können.'"

Die Begräbnissitten, die so lebendig von Ibn Fadlan beschrieben wurden, enthalten viele Elemente, etwa den Engel des Todes, die sich in nordischen Quellen nicht finden. Andererseits klingt in der Köpfung des Kükens eine Erinnerung an den Besuch des Helden Hadding in der Unterwelt an, wo seine göttliche Begleiterin den Kopf eines Hahns abschnitt und ihn über die Grenzmauer von Hel warf. Die Skandinavier in Rußland mögen zu dieser Zeit durch fremde Gebräuche beeinflußt gewesen sein, doch es bleiben auch unmißverständliche Parallelen mit Gebräuchen des Odin-Kults, wie er sich in nordischen dichterischen Quellen spiegelt, besonders das zeremonielle Opfer des Mädchens durch gleichzeitiges Erwürgen und Erstechen.

Man nahm an, daß die nordischen Häuptlinge an der Wolga während eines Augenblinzelns ins Paradies eingehen sollten. Einige andere Häuptlinge fanden das Paradies direkt vor ihrer Haustür. Man glaubte, sie würden mit ihren verstorbenen Verwandten in heiligen Bergen weiterleben und sich in einer Art priva-

Rechts: Rätselhafte Figur von der Seite einer Schale aus dem 9. Jh., die in einem Grab in Westnorwegen gefunden wurde. Die Schale enthielt Schildbuckel, die vermutlich in der Asche verblieben, als das Schiff an dieser Stelle verbrannt wurde. Die Figur ist typisch keltisch im Stil und wurde vermutlich in Irland hergestellt.

tem Familien-Walhall erfreuen. Das interessanteste Beispiel für diese Annahme findet sich in der isländischen *Eyrbyggja-Saga* aus dem 13. Jh., dessen Verfasser ein lebhaftes Interesse am Sammeln der alten heidnischen Riten zeigt. Als Thorstein Dorsch-Beißer, der Sohn eines der ersten Siedler und ein glühender Anhänger von Thor, im Jahre 938 auf See ertrunken war, hatte sein Schäfer ein außerordentliches Gesicht, als er gegen Helgafell schaute: „Er sah die ganze Nordseite des Berges offenstehen, im Innern sah er große Feuerstellen und konnte Festlärm und Rufe über die Bierkrüge hören. Und als er sich anstrengte, zu erfahren, was gerufen wurde, konnte er hören, daß Thorstein Dorsch-Beißer und seine Mannschaft in den Berg eingeladen und Thorstein aufgefordert wurde, sich auf den Ehrenplatz gegenüber von seinem Vater niederzulassen."

Die Vorstellung, daß Mitglieder bestimmter Familien tot in einem Berg lebten, taucht in den Quellen nicht oft auf und ist vielleicht eine späte Entwicklung. In den isländischen Sagas sind Berichte vom Tod im Charakter mehr irdisch und heidnisch. Wenn jemand gestorben war, wurden zunächst Nase und Mund ver-

Grabbeigaben der Wikinger. In ihren Gräbern waren die Wikinger sowohl von den ausgesuchtesten persönlichen Besitztümern umgeben wie auch von Gebrauchsgegenständen, die sie für die Reise ins Jenseits benötigten. Ein toter Wikinger wollte auch im Jenseits in der Lage sein, Eindruck zu machen.
Unten: Vergoldetes Bronzezaumzeug aus dem Grab eines reichen Schweden in Gotland aus dem 9. Jh. Dies ist eines von vielen wundervoll verzierten Stücken. Das vertraute Greiftier am Oberteil hat seine Klauen in kleinen runden Öffnungen.

schlossen und manchmal auch die Augen, doch noch in dieser Tradition bedeutete Tod nicht notwendig das Ende allen Lebens. Der tote Mann lebte in seinem Grab weiter, wie Gunnar von Hlidarendi in der *Njal-Saga,* der ein Gedicht in seinem Grabhügel sang. Die Toten konnten noch lange, nachdem sie beerdigt waren, Einfluß auf die Lebenden nehmen und taten es häufig. Mörder-Hrapp, einer der Bösewichte in der *Laxdaela-Saga,* wünschte stehend unter der Schwelle seines Hauses begraben zu werden, damit er besser sein Hauswesen überwachen könne, was er ganz gehörig getan hat. „Und war er schon während seines Lebens schwierig gewesen, so war er jetzt nach seinem Tode noch schlimmer, denn sein Leichnam konnte nicht in seinem Grab bleiben. Die Leute sagen, daß er die meisten seiner Diener bei den häufigen Besuchen nach seinem Tod ermordete und den meisten seiner Nachbarn großes Leid verursachte." Körperliche Gewalttaten waren typisch für diese lebenden Toten, die von ihren Gräbern aufstanden, um die Lebenden zu terrorisieren, und mancher Held in den Sagas gewann seinen Ruf durch die Art, in der er mit diesen Geistern kämpfte und umging. Mit großer Vorsicht behandelt man den Leichnam eines Mannes, von dem man glaubte, er würde nach seinem Tod Schwierigkeiten machen. Manchmal wurde ein Loch in die Mauer des Hauses gebrochen, durch das man den Leichnam hinaustrug, um zu verhindern, daß er seinen Weg in das Haus zurück durch die Tür finden könne, denn der Tod steigerte nur die grausame Brutalität und Böswilligkeit dieser wandernden Leichen. Oft mußten sie wieder ausgegraben und woanders beerdigt, oft auch verbrannt werden, bevor ihre Geister sich endlich zur Ruhe legten. Aber auch dann konnte ihr böser Einfluß noch Generationen lang wirken, indem sie das Land verdarben, das sie besucht hatten, und die Familien, die es bestellten.

Doch solche Geschichten gehören mehr in den Bereich der Märchen als der Mythologie. Ihnen haftet nichts mehr an von der traurigen Größe Asgards oder der aristokratischen Verfälschung des Odin-Kults, dennoch haben sie ihre eigene Gültigkeit. Sie sind die plumpe Antwort von Bauern, die zwar Thor und Frey als Götter verehren wollten, aber doch vor allem ihrer eigenen kräftigen Stärke vertrauten, beim Kampf mit den Geheimnissen der Natur und den unheimlichen Kräften der Elemente.

Links: Wunderschön gearbeitete Goldbroschen aus Hornelund in Dänemark aus dem 10. Jh.
Oben: Silberring aus Hornelund in Dänemark aus dem 10. Jh., er zeigt die Handwerkskunst der Wikinger auf ihrem Höhepunkt.

Heilige Steine

Gottesdienste bei den Nordmännern

Es ist praktisch unmöglich, nach so vielen Jahrhunderten zu wissen, was die Nordmänner tatsächlich ihren Göttern gegenüber empfanden. Zwar können uns archäologische und dichterische Quellen eine Menge berichten über die Art der Begriffe, die im Wikinger-Zeitalter vorherrschten, doch es bleiben Fragen übrig. Welche Verbindung bestand zwischen dem Menschen und seinen

Links: Die drei großen Hügel der Königsgräber in Alt-Uppsala; hier war ein Zentrum des Heidentums im Goldenen Zeitalter der Vor-Wikingerzeit in Schweden. Ausgedehnte archäologische Ausgrabungen haben bestätigt, daß die Grabhügel über Begräbnisfeuern errichtet wurden.

Göttern? Zwischen den Menschen und Priestern? Zwischen Priestern und Tempeln? Kann man jemals bei einer pantheistischen Religion, die die Neigung hat, flexibel und individual zu sein, die Gefühle der Menschen beim Gottesdienst erkennen, nachdem wir von ihnen durch so viele vom Christentum geprägte Jahrhunderte getrennt sind? Es gibt wenig Beweise für einen fanatischen Glauben, aber zeigt das notwendig, daß die Nordmänner religiös weniger eifrig waren? Können Menschen, die sich selbst immer so elastisch und voll Selbstvertrauen darstellten, wirklich treue Gottesdiener genannt werden? Können Menschen, deren Dichter ihre Götter gelegentlich leicht komisch und ohne Respekt darstellten, wirklich gottesfürchtig genannt werden?

Die Antworten auf solche Fragen können wir nur erraten, alles, was wir wissen, sind die äußeren Formen ihrer gottesdienstlichen Handlungen oder einige von ihnen. Es ist jedoch auffallend, daß das nordische Wort *blota,* das gottesdienstliche Verehrung bedeutet, auch „Ehren" und „Opfern" beinhaltet. Daraus ergibt sich, daß sie ihre Götter mit Opfern ehrten, und das beweist eine weniger ehrerbietige Haltung, als etwa ein Niederknien in Demut. Die Götter mußten geehrt und besänftigt werden, man mußte ihnen gehorchen und sie versöhnen, vor allem aber mußte man freundschaftlich mit ihnen stehen. Sie waren Mächte, die sich sowohl als nützliche Bundesgenossen wie als gefährliche Feinde erweisen konnten. Sie zeigten sich als unzuverlässige Bundesgenossen, aber es war immer besser, sie auf seiner Seite zu wissen.

Wie also übten die Nordmänner unter solchen Voraussetzungen ihre Gottesdienste aus? Fast bis in unsere Zeit glaubte man, daß die Wikinger Gottesdienste in Tempeln aus Holz oder Stein abhielten. Das nordische Wort für Tempel ist Hof, und es gibt zahlreiche Ortsnamen in Island und Norwegen, in denen das Wort Hof steckt, oft verbunden mit Namen der Götter, wie etwa in Thorshof oder Freyshof. Eine der isländischen Sagas, die *Eyrbyggja-Saga,* enthält die genaue Beschreibung eines Tempels, den Thorolf Mostrarskegg (der Vater von Thorstein Dorsch-Beißer, der starb und in Helgafell einzog) im späten 9. Jh. als einer der ersten isländischen Siedler an einem Ort namens Thorsness in Snaefellsness erbaute. Thorolf war ein gottesfürchtiger Mann, der voll auf Thor vertraute. Ähnlich wie Ingolf Arnarson, der erste Siedler, hatte er die heiligen Pfeiler, die in seinem Tempel in Norwegen gestanden hatten (in einen dieser Pfeiler hatte er das Bild Thors geschnitzt), über Bord geworfen und gelobt, er würde sich dort niederlassen, wo Thor die Pfeiler landen ließe. Die Saga berichtet: „Thorolf erbaute dort einen großen Tempel, der Eingang war in einer der Seitenwände in der Nähe des Giebels, gleich hinter der Tür standen die Hochsitzpfeiler, beschlagen mit Nägeln, sogenannten heiligen Nägeln, der ganze dahinterliegende Raum war das Heiligtum.

Weiter im Inneren des Tempels befand sich ein Gebäudeteil, ähnlich dem Chor in heutigen Kirchen und in der Mitte des Raums war ein Sockel, ähnlich einem Altar. Auf diesem Sockel lag ein ganz ungegliederter Armring, zwanzig Unzen schwer, auf den das Volk alle Eide schwören mußte. Der Ring mußte bei allen öffentlichen Veranstaltungen vom Tempelpriester getragen werden. Ferner stand auf dem Sockel eine Opferschale mit einer Opferrute, vergleichbar dem Weihwassersprenger eines Priesters, mit der das Blut der Tiere, die den Göttern geopfert waren, aus der Schale ausgesprengt wurde. Die Gestalten der Götter waren rund um das Podest aufgestellt.

Jeder Bauer hatte Abgaben an den Tempel zu entrichten und war verpflichtet, den Tempelpriester zu allen Versammlungen zu begleiten, so wie heute die Wähler ihre Parteiführer zu unterstützen haben. Der Priester seinerseits hat die Pflicht, den Tempel auf seine Kosten zu unterhalten und die feierlichen Opferfeste zu veranstalten."

Wie es bei solchen Opferzeremonien zuging, hat Snorri Sturluson in seiner *Heimskringla* (Geschichte der Könige von Norwegen) in der Saga von Hakon dem Guten beschrieben. Über die Tempelfeiern in Trondheim in Norwegen in der Mitte des 10. Jh. schreibt er:

„Wenn ein Opfer stattfinden sollte, war es alter Brauch, daß alle Bauern zum Tempel kamen und sich Verpflegung für die Dauer des Festes mitbrachten. An diesem Fest beteiligte sich jedermann an einem Biergelage. Alle Arten von Haustieren, auch Pferde, wurden dort geschlachtet, und das Blut der Opfertiere wurde *hlaut* genannt. Die Opferschalen, in denen das Blut gesammelt wurde, hießen *hlautbollar,* und die Blutsprenger hießen *hlautteinar* (Blutruten). Das Blut wurde benutzt, um alle Altäre und Mauern des Tempels rot zu färben, innen und außen; außerdem wurde die Versammlung damit besprengt, während das Fleisch der Tiere zum Mahl für das Volk gekocht wurde. Mitten auf dem Fußboden brannten Feuer, über denen Kessel hingen.

Kultische Szenen von dem berühmten Silberkessel aus Gundestrup, der in einem Moor in Jütland gefunden wurde und aus dem 1. oder 2. Jh. v. Chr., der „Keltischen Eisenzeit", stammt. Es war vermutlich eine keltische Arbeit, aber der Kessel zeigt Opferszenen, die Teil der germanischen religiösen Riten während der Römerzeit waren.
Links: Menschenopfer in Verbindung mit einem Kessel, wie es der Gundestrup-Kessel selbst war. Das Opfer ist vermutlich dem Kriegsgott geweiht, weil sich bewaffnete Krieger zum Kampf rüsten, aber einer der berittenen Krieger hat eine Helmzier in der Form eines Ebers, des dem Frey heiligen Tiers.
Unten links: Eine der acht Gottheiten, deren unbewegliche Gesichter den Außenrand des Kessels verzieren; das Thema ist wieder das Menschen- und Tieropfer.
Unten: Die rituelle Schlachtung eines Stieres auf dem Boden des Kessels. Einer der angreifenden Hunde liegt tot, während der Krieger in der Pose dargestellt ist, wie er gerade den Bullen von oben in den Nacken sticht.

Auch die Opferschale mußte über das Feuer gesetzt werden, und der Häuptling, der dem Fest vorstand, mußte die Schale segnen und ebenfalls das Opfermahl. Der erste Trinkspruch galt Odin, es war der Trank für Sieg und Wohlergehen des Königs. Es folgten der Trinkspruch auf Njörd und der auf Frey für reiche Ernte und Frieden. Bei manchen war es üblich, dann den ‚Häuptlingstrinkspruch' auszubringen, der dem letzten König galt. Das Volk brachte auch Trinksprüche an ihre Vorfahren, die in den Grabhügeln lagen, aus, und diese Sprüche wurden ‚Erinnerungen' genannt."

Diese Beschreibungen wurden beide von Autoren verfaßt, die starkes Interesse an der heidnischen Vergangenheit zeigen. Sie wurden allerdings erst im 13. Jh. geschrieben, als das Heidentum in Island schon seit mehr als 200 Jahren tot war. Obwohl diese Berichte ernsthaft und detailliert sind, haben die Gelehrten heute Zweifel an ihrer Glaubwürdigkeit. Man glaubt, daß wir beide Beschreibungen einer Notiz verdanken, die Islands erster einheimischer Geschichtsschreiber, Ari Thorgilsson, im frühen 12. Jh. niederschrieb. Noch bemerkenswerter ist die Tatsache, daß christliche Schreiber so duldsam in ihrer Einstellung zu Riten gewesen sein sollten, die von der Kirche überall verdammt waren. Denn wir finden hier ein anerkennenswertes Bemühen zu berichten, zu verstehen und zu erklären.

Es gibt eine Zahl von Gehöften in Island, die noch Hof oder Hofstadir (Tempelstätte) genannt werden. Bis in jüngste Zeit glaubte man, daß sie alle tatsächlich an Orten von Tempeln oder Opferplätzen lägen. Der Platz von Thorolf Mostrarskeggs Tempel in der *Eyrbyggja-Saga* wurde Hofstadir genannt, und 1908 wurde ein anderes Hofstadir im Norden von Island von Archäologen ausgegraben. Bis jetzt war es nur eine kleine, grasüberwachsene Ruine gewesen, aber der Ort wurde traditionsgemäß mit einem Tempelplatz in Verbindung gebracht. Die Reste eines sehr großen Gebäudes waren zu erkennen, 44 m lang und 8 m breit. Es war eine einfache Konstruktion, bestehend aus einer großen Halle mit leicht gebogenen bootsförmigen Wänden und einer Plattform an beiden Langseiten, auf der etwa 150 Menschen auf Bänken und an Tischen sitzen konnten. Am einen Ende der Halle gab es einen getrennten Raum, der dem Chor zu entsprechen schien, der in der *Eyrbyggja-Saga* erwähnt wird. Am Anfang der beiden Seitenmauern befanden sich zwei kleine Nebenräume.

Als die Entdeckung zum ersten Mal veröffentlicht wurde, begrüßte man das Gebäude als klassischen Tempel, doch weitere Ausgrabungen in frühen Hausruinen aus der Wikingerzeit in Island legten nahe, daß es sich hier um ein gewöhnliches, wenn auch großes Wohnhaus handle. Es war ein typisches frühes Langhaus mit kleinen Nebenräumen (Arbeitsraum der Frauen, Milchkammer usw.), deren Entwicklung innerhalb der Bauernhausarchitektur sich zeitlich nachweisen ließ.

Dennoch gibt es zu viele Hinweise auf öffentliche Tempel in der historischen Literatur, als daß man sie ignorieren könne. Das *Landnamabok* (Buch der Besiedlung) und andere isländische Quellen sprechen von einfachen Armringen, wie dem in der Eyrbyggja-Saga erwähnten, auf die für alle geschäftlichen und häuslichen Vorgänge Eide geschworen wurden. In der frühen Gesetzgebung wird eine bestimmte Zahl von öffentlichen Tempeln in jeder der vier Provinzen, die Viertel genannt wurden, gefordert, und Bauern mit Landbesitz mußten Abgaben zu ihrer Unterhaltung entrichten, so wie sie später den Zehnten an die Kirche zu zahlen hatten.

Es scheint, daß die Historiker im Laufe der Zeit anzunehmen begannen, daß die soziale Organisation der Religion in heidnischer Zeit mit Institutionen christlicher Zeiten vergleichbar war. Diese Schreiber neigten dazu, sich die Tempel, von denen sie gehört hatten, nach einem Vorbild aus ihrer Zeit vorzustellen. Es wird heute allgemein angenommen, daß Gehöfte mit dem Namen Hof oder Hofstadir tatsächlich die Wohnungen örtlicher Häuptlinge, die auch die religiöse Gemeinschaft anführten, waren, und daß sie ihre Häuser für die Festgelage benutzten, mit denen kultische und jahreszeitliche Feste verbunden waren.

Den stärksten Beweis für einen Tempel, der eigens zur Aufnahme der Götterbildnisse errichtet war und nur für Kulthandlungen im heidnischen Skandinavien bestimmt war, besitzen wir in der Beschreibung des großen Tempels in Uppsala durch Adam von Bremen; doch auch seine Beschreibung mit der zweifelhaften Erwähnung goldener Ziegel muß mit Vorsicht behandelt werden.

Nach allem scheint es, daß Opferhandlungen im Freien stattfanden. Tacitus hat bemerkt, daß die Germanen ihre Götter nicht innerhalb von Mauern einsperrten, sondern sie in heiligen Wäldern und Hainen verehrten, wo nach ihrer Meinung die göttliche Kraft anwesend war. Die meisten der überlieferten Ortsnamen in Skandinavien, die eine Verbindung zu einem Gott erkennen las-

Die Hörnerhelme, die so beliebt bei volkstümlichen Dichtern wurden, benutzte man nur für rituelle und magische Zwecke, niemals im Kampf, wo sie nur hinderlich gewesen wären.
Oben: Bronzeamulett eines Mannes, der ein Schwert und zwei Speere hält und einen Hörnerhelm trägt. Aus einem Frauengrab in Uppland in Schweden. Es stellt wahrscheinlich einen Priester des Odin-Kultes dar.
Rechts: Gußform aus dem 6. Jh. für Helmplatten von der Ostseeinsel Öland. Die tanzende Figur trägt einen Helm, dessen Hörner in Vogelköpfen enden, sein Begleiter trägt eine Wolf- oder Bärenmaske, vielleicht eine Erinnerung an die Berserker, die Gefolgsleute Odins, die im Kampf Amok liefen und gegen Waffen unverletzbar waren.

sen, bringen den Götternamen im Zusammenhang mit Formen der Landschaft wie Wald, Hügel, Landzunge, Steinacker, Feld, Weide, Strom und Höhle. In der Geschichte von Freys Werbung um Gerd, wie sie im *Skirnismal* berichtet wird, trifft Frey seine Braut in einer windstillen Höhle. Einer der ersten isländischen Siedler, Thorir Snepil, nannte seine Wohnung Lund (Höhle), und man berichtete von ihm, daß er die Höhle heilig hielt. Ein anderer nannte seinen Hof Foss (Wasserfall), und er hielt den Wasserfall ähnlich heilig. Von einem Häuptling der *Kristni-Saga*, der Geschichte der Bekehrung Islands, wird berichtet, daß er an einem Felsen opferte, den er für den Wohnsitz des Familienschutzpatrons hielt, der reiche Ernten spendete.

Es gab auch besonders geheiligte Gebiete, wo es verboten war, Blut zu verspritzen oder Gewalt zu brauchen, weil man glaubte, daß hier der Gott anwesend sei. Opferstätten der verschiedensten Arten wurden durch *vebönd* (Heiligtumsseile) abgegrenzt.

Obwohl die meisten Opferhandlungen in der Frühzeit im Freien stattfanden, scheint es in späteren Zeiten eine wachsende Neigung gegeben zu haben, gewisse Gebäude für Kultzwecke zu errichten. Nicht einen förmlichen Tempel, aber eine kleine Kapelle oder etwas wie einen Altar. Wir können diese Entwicklung in dem Gebrauch des Wortes *hörg* wiedererkennen. Ursprünglich bedeutet es einfach ‚hervorragender Felsen', und ein hörg war eine der Naturformen, von denen man glaubte, daß sie einem Gott oder Erdgeist geweiht seien. Später jedoch bekam das Wort die Bedeutung ‚eingezäunter Platz', dann auch ‚überdachter Platz'. Es scheint einleuchtend, daß der ursprüngliche ‚hervorragende Felsen', an dem Opfer gebracht wurden, später eingezäunt wurde, vielleicht mit Heiligtumsseilen und dann vielleicht überdacht wurde, um ein Schutzdach für die geschnitzten Götterbilder zu bekommen. Es scheint auch möglich, daß eine Steinpyramide als ein Altar errichtet wurde, um an einen ‚hervorragenden Felsen' zu erinnern, und diese Pyramide dann hörg genannt wurde. Natürlich verboten frühe christliche Gesetze in Skandinavien die Verehrung kleiner Hügel oder ‚hervorragender Felsen' oder die Errichtung von Hügeln oder hörgs. In einem Falle wird in der historischen isländischen Literatur der hörg als direkter Gegensatz des christlichen Kreuzes beschrieben. So berichtet das *Landnamabok*, daß einer

der ersten Siedler, eine bemerkenswerte Bäuerin, genannt die tiefsinnige Aud, als sie im späten 9. Jh. nach Island kam, schon Christin war. Sie errichtete auf einem Felshügel in der Nähe ihres Hauses Kreuze, wo sie ihre Andachten verrichtete. Nach ihrem Tod fielen ihre Gefolgsleute jedoch ins Heidentum zurück und errichteten auf dem Hügel einen hörg, weil sie glaubten, daß Aud nach ihrem Tod in den Hügel gezogen sei.

Ein wesentliches Merkmal von Opferhandlungen am hörg war das Bestreichen mit Opferblut. In dem Edda-Gedicht *Hyndluljod* (Lied von Hyndla) sagt die Göttin Freyja über ihren Schützling Ottar:

> Einen hörg baute er mir
> überhäuft mit Steinen –
> jetzt ist der Felsen
> verwandelt in helles Glas;
> er rötete ihn von neuem
> mit dem Blut der Stiere;
> Ottar hat immer
> Vertrauen zur Göttin.

Das Opferblut, dessen Schimmern einen Stein wie kostbares Glas erscheinen lassen konnte, sollte auch die Stärke des Gottes erneuern. Auch wenn die Opfernden mit Blut bestrichen oder bespritzt wurden, bedeutete das, daß göttliche Kraft in ihn überfließen solle. Diese Verbindung wurde verstärkt durch das gemeinsame Verzehren des Opferfleisches.

Die hörg-Heiligtümer scheinen vor allem für persönliche oder familiäre Götterdienste benutzt worden zu sein. Wir wissen nicht, wie oft derartige häusliche Feiern stattfanden, doch wir wissen, daß es jedes Jahr drei öffentliche Hauptfeste gab. Sie standen alle mit den Jahreszeiten in Verbindung und fanden statt im Herbst, zur Winter- und zur Sommersonnenwende. Das Herbstfest war ein Erntedankfest, das Fest der Wintersonnenwende (in der Mitte des Januar) stand in Verbindung mit dem Wiederhöhersteigen der Sonne, und das Frühsommerfest sollte dazu dienen, Fruchtbarkeit und Sicherheit zu fördern oder in einigen Fällen, um für Sieg bei Wikingerfahrten im kommenden Sommer zu bitten. Nach dem Urteil der isländischen Sagas waren die Jahreszeitenfeste die Höhepunkte im Leben des Volkes. In den überfüllten Langhallen

Rechts: Thingvellir, die Parlamentsstätte in Island, wo sich die Nationalversammlung oder der Althing jeden Sommer, vom Jahre 930 angefangen, im Freien traf. Das Althing wurde immer an einem Donnerstag eröffnet, dem Tag, der Thor heilig war, nachdem die Versammlung von den führenden Priesterhäuptlingen einberufen worden war. Obgleich es in den Quellen keinen Bericht darüber gibt, ist anzunehmen, daß auch eine Art von Tieropfer stattfand. Thingvellir ist eine gewaltige von Lavaklippen umgrenzte Naturarena, die als Sprechbühne für die Redner diente. Im Jahre 1000, während der großen Debatte zwischen Heiden und Christen, die der friedlichen Bekehrung Islands zum Christentum voranging, brach ein Vulkan im Süden Islands aus, und einige Heiden versuchten, dies als Beweis zu interpretieren, daß die Götter zornig wären. Doch ein anderer heidnischer Priesterhäuptling gab dazu trocken seinen Kommentar, indem er auf die Lavawände zeigte: „Und worauf waren die Götter zornig, als diese Lava floß?"

floß das Bier in Strömen, die Jugend liebte sich, die Männer schwelgten in Erinnerungen, gelegentlich kam es zu Schlägereien, und Geschichten von Heldenabenteuern wurden vorgetragen. Solche Feste konnten mehrere Tage dauern, und am Ende erhielten die erschöpften Gäste von ihrem Gastgeber noch Geschenke mit auf den Weg.

Doch wie bedeutend war das religiöse Element solcher Feiern? Die Religion war in die öffentlichen Angelegenheiten eingeschlossen, aber welche Bedeutung spielte sie für das persönliche Leben? In den Sagas gibt es Beispiele von Menschen, bei denen alle ihre Taten auf einer intensiven persönlichen Verbindung mit einem Gott beruhte. Thorolf Mostrarskegg war solch ein Mann, und sein Schutzgott Thor freute sich über ihn und überschüttete ihn mit Gedeihen und großem Glück beim Fischfang. Ein anderer war Hrafnkel, ein Priester Freys und Held der *Hrafnkel-Saga:* „Hrafnkel hatte einen kostbaren Besitz, den er höher schätzte als alles, was er sonst besaß. Es war ein hellbrauner Hengst mit schwarzer Mähne und schwarzen Streifen auf dem Rücken; er nannte das Pferd Freyfaxi, und er gab seinem Schutzgott Frey halben Anteil an dem Pferd. Hrafnkel liebte dieses Pferd so sehr, daß er einen feierlichen Eidschwur tat, jedermann zu töten, der den Hengst ohne Erlaubnis reiten würde." Als einer seiner Hirten durch die Umstände gezwungen war, das Pferd zu reiten, das Hrafnkel Frey geweiht hatte, sah Hrafnkel keine andere Möglichkeit, als den Knaben zu töten, obwohl er einige Gewissensbisse fühlte. Aus diesem Totschlag entwickelte sich eine Kette betrüblicher Ereignisse, die Hrafnkel niederwarfen und schließlich sein Leben kosteten. Es war ein hoher Preis, den er für seine Treue zu seinem Gott zu zahlen hatte, aber Hrafnkel wäre nicht davon abgewichen, selbst wenn er einen Blick in die Zukunft hätte tun können.

Die *Hrafnkel-Saga* ist ein sehr künstlerisches Werk, voll von Andeutungen über Opfer der verschiedensten Art. Rituelle Menschenopfer gab es zweifellos im Wikingerzeitalter, obwohl sie niemals so verbreitet waren, wie sie es unter den germanischen Stämmen zur Zeit des Tacitus gewesen sein dürften, der von Beispielen berichtet, wo die gesamten Kriegsgefangenen als Opfer hingeschlachtet wurden. Auch Adam von Bremen berichtet von Menschenopfern im 11. Jh. in Uppsala. Ferner liegen auch Berichte

vor, daß die Schweden ihre Könige opferten, wenn die Ernte schlecht ausgefallen war.

Im Wikinger-Zeitalter scheinen Menschenopfer jedoch nur im äußersten Notfall dargebracht worden zu sein. Als sich im Jahre 1000 in Island die Heiden und Christen auf der Nationalversammlung, dem Althing, gegenüberstanden, um die Macht ihres Glaubens prüfen zu lassen, beschlossen die Heiden, als letzte Anrufung an ihre Götter zwei Männer aus jedem Viertel zu opfern. Dieses Opfer fand zwar nicht statt, aber der christliche Historiker bemerkt etwas steif und formell: „Die Heiden opfern die unglücklichen Männer, indem sie sie über Felsen oder Klippen herabstoßen".

Sakrale Opfer wurden auch gehenkt oder in heilige Brunnen oder Sümpfe gestoßen. Einiges spricht dafür, daß in späteren heidnischen Zeiten nur noch Krüppel oder Sklaven geopfert wurden, und einige der historischen Quellen deuten an, daß die Todesstrafe für Verbrechen wie ein Opferritus vollzogen wurde. Der Verfasser der *Eyrbyggja-Saga,* der ein unermüdlicher Sammler von Altertümern gewesen sein muß, berichtet über den Versammlungsplatz in der Nähe von Helgafell: „Man kann dort noch den

Richtkreis sehen, in dem Menschen zur Opferung verurteilt wurden, innerhalb des Kreises steht der Stein des Thor, auf dem der Rücken der Opfer gebrochen wurde, und auf dem Stein kann man noch Blutspuren erkennen". Zweck solcher Opfer war vermutlich, die Götter zu versöhnen. Aber es liegt auch der Gedanke nahe, in solchen Opfern auch eine Art von Sühneelement zu sehen, in dem die Weihe an einen Gott das Verbrechen abschwächen sollte.

Sitzungen von Gerichtshöfen wurden zumindest in Island von den Häuptlingen abgehalten. Die isländischen Häuptlinge regierten jedoch nicht nur als weltliche Herren, sondern sie besaßen auch eine religiöse Machtstellung. Sie wurden *godar* genannt, und sie waren verantwortlich für die ordnungsgemäße Durchführung auch aller religiösen Belange. Obwohl sich wortkundlich aus dem Namen ergibt, daß ihre geistliche Funktion an erster Stelle stand, zeigt sich gegen Ende der heidnischen Periode deutlich, daß das religiöse Element nur noch eine Beigabe ihrer weltlichen Macht war. In den Sagas gibt es nur wenig Hinweise darauf, was die Nordmänner über ihre religiösen Pflichten oder ihre Götter dachten. Wir wissen jedoch, daß Verehrung von Götterbildern nicht

Oben: Kleines Kupfermedaillon aus Gotland, das das Skelett einer zusammengeringelten Schlange enthielt; man schrieb derartigen Amuletten magische Eigenschaften zu.
Oben links: Das häufigste Motiv in der Wikingerkunst war der Drachenkopf; dieser wurde im Schiffsgrab von Oseberg gefunden.
Links: Auch dieser Silberarmreif aus Gotland aus dem 11. Jh. endet in Drachenköpfen.

typisch für sie war. Trotz der Erwähnung großer Götterstatuen von Odin, Thor und Frey durch Adam von Bremen im Tempel von Uppsala, erwähnte Tacitus die Tatsache, daß die Germanenstämme keine Götterbilder anfertigten. Aus archäologischen Funden und literarischen Quellen ergibt sich jedoch deutlich, daß die eigenwilligen Nordmänner Amulette und Schutzzeichen in Gestalt kleiner Götterbilder oder göttlicher Symbole liebten. Manche Männer verehrten solche Amulette sogar. Einer der Hofdichter König Olaf Tryggvasons von Norwegen, der Skandinavien gegen Ende des 9. Jh. bekehrte, wurde beschuldigt, ein Elfenbeinbild von Thor in seinem Geldbeutel zu tragen und es im geheimen zu verehren. Eine hübsche kleine Bronzefigur eines sitzenden bärtigen Mannes, die in Nordisland gefunden wurde, wird für eine aus dem 10. Jh. stammende Darstellung von Thor gehalten. Eine in Schweden gefundene phallische Figur konnte als Bild von Frey identifiziert werden, und in Gräbern fanden sich unzählige Amulette in Gestalt von Thors Hammer.
einem Gehöft in Island auf und war einer der letzten, der Thor

Solche Amulette waren wohl nur Andenken an Gott, auf den der Träger vertraute. Unter den isländischen Sagas gibt es jedoch eine, die das persönliche Verhältnis eines Mannes zu seinem Gott verdeutlicht. Es ist die epische Lebensgeschichte des Kriegers und Dichters Egil Skallagrimsson in der *Egil-Saga*, für die man Snorri Sturluson als Verfasser annimmt. Die Saga enthält einen großen Teil der Dichtung, die Egil schrieb, vor allem ein langes Gedicht, genannt *Sonatorrek* (Der Verlust der Söhne), das Egil um das Jahr 960 schrieb, nach dem Tod seines Lieblingssohnes und nachdem er einen zweiten Sohn kurz vorher verloren hatte. Egil wuchs auf einem Gehöft in Island auf und war einer der letzten, der Thor verehrte. Als junger Mann zog er aus, um Ruhm und Glück an den königlichen Höfen von Skandinavien zu suchen, wo er den aristokratischen Odin-Kult kennenlernte. Von diesem Zeitpunkt an war Egil sowohl als Wikinger wie als Dichter ein Verehrer und Anhänger Odins.

Der Verlust seines Sohnes erschütterte jedoch seinen Glauben. Im Gedicht Sonatorrek schimpfte er bitter gegen den Gott, der sein Vertrauen verraten und den Vertrag gebrochen hatte, den sie durch Opfer besiegelt hatten. Am Ende kommt er jedoch zu seinem tieferen Verständnis der Gottheit und schreibt mit einer neuen Gelassenheit:

Gut stand ich
mit dem Herrn des Speers;
Vertrauen hatte ich
im Glauben an ihn;
bis der Kampfwagenfahrer,
der Schlachtenentscheider,
mir durchtrennte
die Bande der Freundschaft.

Nimmer verehren
kann ich Vilirs Bruder,
den Wächter der Götter,
mit brennendem Herzen.
Doch Mimirs Freund
hat mir gegeben
Buße für Böses,
als mein Leid ich zählte.

Meine Kunst gab er mir,
fehlerfreien Sang,
gab mir Fenrirs Gegner,
der Herr des Krieges;
er gab mir die Gabe,
daß ich machen konnte
zu offnen Feinden
geheime Hasser.

Schwer ist mein Schicksal.
Fenrirs Schwester,
der Toten Königin,
schon steht auf der Klippe.
Doch ich will fröhlich
mit ruhigem Herzen
und ohne Klagen
Hels Kommen erwarten.

Keine Übersetzung kann die Größe dieser Dichtung richtig wiedergeben, kann eine Vorstellung von den klangvollen Stabreimen und dem großen Wissen, das in den Bildern des Originals anklingt, vermitteln. Dennoch leuchtet in diesen straffen Versen des Zwiegesprächs des Dichters mit seiner eigenen Seele eine neue erhabene Fassungskraft auf. Der Gott, der ihm seine Söhne geraubt hatte, war dennoch nicht schuldig an ihm geworden, er hatte ihm die Dichtkunst geschenkt, in der er sein Leid vergeistigen und zu sich selbst zurückfinden konnte. In der heidnischen Dichtkunst Skandinaviens gibt es keine erhabeneren Verse.

Rechts: Menschenopfer waren, wie Tacitus berichtet, während der Völkerwanderungszeit allgemein üblich, und die Torfmoore in Jütland haben die makabren Beweise für diese Opferungen aufgedeckt. Man fand Beweise für alle möglichen Opfer. Der eindrucksvollste ist der vollkommen erhaltene Körper eines Mannes, der rituell mit einem Seil erwürgt worden war, der Tollund-Mann. In seinem Gesicht liegt der ernste Ausdruck der Hinnahme seines Schicksals. Auch Frauen wurden gelegentlich geopfert (oben links), manchmal wurden sie vor ihrem Tod geblendet.

Die heldische Lebens-auffassung

Die Sigurdsaga und der Ehrenkodex der Krieger

Das drohende Gesicht des germanischen Helden.
Links: Der sogenannte Sigurds-Helm von einem Grab der Vor-Wikingerzeit aus Vendel in Schweden. Die Gestalt des Wälsungen Sigurd – vielleicht der historische Franke Sigebert, der 575 starb – ragt unter den Sagas der Helden, die aus den Ereignissen der Völkerwanderungszeit entstanden, heraus. Der Stoff ging in dichterischer Form in die Sagas der Älteren Edda ein. Der Heldenkult färbte Betragen und Ethik während der ganzen Wikingerzeit.
Oben: Ein Silberanhänger aus dem 10. Jh. von Östergötland in Schweden zeigt den charakteristischen Vendel-Helm der Wikingerzeit mit dem hochgezogenen Augenbrauenschutz und dem schnabelförmigen Stirnschutz.

Reichtum stirbt,
Familien sterben,
du selbst stirbst wie sie;
Nachruhm jedoch
stirbt nimmer dem,
der ihn tapfer erkämpft.

Reichtum stirbt,
Familien sterben,
du selbst stirbst wie sie;
doch eines weiß ich,
daß niemals stirbt –
das Urteil über eines Mannes Tod.

Diese berühmten Verse stammen aus dem *Havamal,* einem der großen mythologischen Gedichte der Edda. Das Gedicht ist eine aus dem 9. Jh. stammende Zusammenstellung von fünf oder sechs Gedichten und Fragmenten und besteht aus 164 Versen mit praktischen Anweisungen und Sinnsprüchen, die Odin zugeschrieben werden. In diesen Versen ist die heldische Ethik des Wikinger-Zeitalters am genauesten in Worte gefaßt.

Bis zu welchem Umfang bestimmten streng genommene religiöse Vorstellungen Verhalten und Benehmen der Männer im Wikinger-Zeitalter? Hier muß man sich daran erinnern, daß das Wikinger-Zeitalter eine Ära gewaltiger sozialer Umwälzungen sowohl für die Skandinavier wie auch für ihre Opfer war. Menschen wurden entwurzelt und getrennt von den Gräbern ihrer Ahnen. Mehr als auf die Wikingerkrieger bezieht sich das auf die Auswanderer, die auszogen, um neues Land zu besiedeln.

Im Verlauf des Wikinger-Zeitalters kann man eine wachsende Polarisierung zwischen Thor und Odin in den religiösen Glaubensanschauungen feststellen. Jede dieser Anschauungen spiegelt die verschiedenen Anliegen und Umstände der Zeit. Thor war das Symbol der Bauern, Siedler und Seeleute unter Betonung seines derben Selbstbewußtseins. Odin war das Symbol der aristokratischen Wikingerkrieger. Diese beiden Gegensätzlichkeiten waren nicht unvereinbar, sondern ergänzten sich, denn im Wikinger-Zeitalter wurde ein Mann nicht nach dem Bild des Gottes geformt, sondern die Götter nach dem Bild des jeweiligen Mannes.

Man hat schon vermutet, daß die Vorstellung von Walhalla, jenes Bild eines Lebens mit unaufhörlichen Festen und Kämpfen, das die Krieger nach ihrem Tod erwartete, im wesentlichen eine dichterische Vorstellung war. Es scheint, daß keiner der Wikinger wesentlich bedrückt war durch das ununterbrochene Bewußtsein, ein Krieger zu sein, der vom Schwert lebte und eines Tages vom Schwert umkommen würde. Das erstaunlichste am *Havamal* ist tatsächlich, daß sich dort nirgends die Erwähnung eines Lebens nach dem Tode findet, obwohl diese Worte Odin zugeschrieben wurden. Abgesehen von den starken und mächtigen Passagen über Odins Hängen am Baum als Opfer für sich selbst, das wir schon erwähnten, hat das Lied nichts zu tun mit mystischem Glauben oder Vertrauen in die Götter. Das Gedicht, wie wir es heute kennen, ist eine Zusammenstellung aus dem 9. oder 10. Jh., die nach gewissen Anzeichen von norwegischen Verfassern geschrieben wurde. Deshalb können wir ohne Zweifel in diesem Gedicht die wirkliche Meinung des gewöhnlichen Wikingers hören.

Das Gedicht vermittelt den überwältigenden Eindruck, daß für den Wikingerhelden in erster Linie diese Welt wichtig war, nicht aber ein Leben nach dem Tode. Unsterblichkeit war eine rein weltliche Vorstellung, die ganz davon abhing, wie tapfer ein Mann dem unausweichlichen Tod die Stirn bot, und die einzige Belohnung für solche Tapferkeit war nicht der Trostpreis eines Weiterlebens als Toter in Walhall, sondern die dauernde Wertschätzung durch die Lebenden.

Tatsächlich wird der Tod im *Havamal* als das größte Unglück angesehen:

> Der Lahme kann reiten,
> der Handlose hüten,
> der Taube tapfer kämpfen;
> blind sein ist besser
> als ein brennender Leichnam:
> nichts taugt ein Toter.

Überleben war die wichtigste Forderung, und deshalb gibt das *Havamal* eine ganze Reihe kluger, nüchterner und manchmal zynischer Ratschläge für den Reisenden, den Fremden, den wurzellosen Mann, für den Wikinger also: Schau dich am Eingang vor-

Rechts: Überall, wohin sie zogen, nahmen die Wikinger ihre Heldensagen mit sich. Dieses Kreuz aus dem 10. Jh. in Halton, Lancashire in England, gibt mehrere Szenen aus der Sigurdsgeschichte wieder, wie er den Drachen Fafnir erschlägt. Die meisten Bilder sind inzwischen sehr verwittert.

Unten: Das Gesicht des Wikingerhelden – nüchtern, schnurrbärtig, entschlossen – auf Silberanhängern in Gotland aus der frühen Wikingerzeit.

Ganz unten: Ähnliche Gesichter auf Wikingermünzen, die in Britannien gefunden wurden.

sichtig um, bevor du eintrittst; halte den Mund geschlossen und Augen und Ohren offen; benutze deinen Witz; betrink dich nicht; iß nicht zu viel; laß dich nicht unnötig auf einen Streit ein, doch laufe nicht fort, wenn er dir aufgezwungen wird; bleib als Besuch nicht zu lange; halte deine Waffen immer in Reichweite; steh früh auf; sei nicht zu clever; pflege deine Freundschaften durch Geschenke, und behalte einen klaren Kopf bei Frauen: „Preise ein Weib, wenn sie verbrannt ist ... eine Jungfrau, nachdem sie verheiratet ist."

Die Betonung der Pflege von Freundschaften ist interessant. Es ist die Moral der Interessengemeinschaft an Bord eines Wikingerschiffs, wo jedes Leben vom Schiffskameraden abhängt, und sie unterscheidet sich von der Moral der Landbewohner mit seinen Bindungen an Verwandschaft und Familie. Reichtum sollte man nicht hamstern für die Erben, sondern unter die Freunde verteilen. Ein Zyniker könnte annehmen, daß dies der Rat ist, Freundschaft zu kaufen. Allerdings sollte so etwas nicht zu freigiebig geschehen:

> Niemand sollte geben
> zuviel einem Mann –
> auch kleine Gabe erwirbt reichen Dank;
> mit einem Bissen Brot
> und einem kleinen Trank
> gewann ich oft Freunde.

Jedes Geschenk forderte ein Gegengeschenk. Freundschaft war für die Wikinger eine Art von Nützlichkeit, und einen falschen Freund sollte man zu betrügen versuchen. Ähnlich waren auch die Opfer an die Götter eine Art von Tauschgeschäft, durch die man ihre Freundschaft erwarb. Zum Dank für die Gabe, sei es ein Opfer an Lebensmitteln oder das Opfer eines Pferdes oder sogar eines Sohnes, wurde vom Gott erwartet, daß er dem Schenkenden manche Gunst erweise, und wenn der Gott das nicht tat, konnte er als falscher Freund beschimpft werden, so wie Egil Skallagrimsson fast Odin verlassen hatte, als seine Söhne getötet wurden.

Neben jedem Egil Skallagrimsson, der sich an Odin gebunden fühlte, gab es jedoch mindestens ebenso viele, die sich an keinen Gott banden. Das waren die Männer, die nur ihrer eigenen Stärke und der Kraft ihres Armes vertrauten, so jedenfalls bezeugen es die literarischen Quellen. Der halblegendäre dänische König Hrothulf, der, wenn er je gelebt hat, im 6. Jh. in Dänemark herrschte und der sowohl in dem Gedicht *Beowulf* wie bei Saxo Grammaticus erwähnt wird, wurde in der isländischen *Saga von Hrolf Kraki* verherrlicht als der Held, der alle heidnischen Übungen verachtete und niemals den Göttern opferte. Er und seine Kampfgenossen hatten nur Verachtung für Odin, doch in der Saga starben sie einen berühmten Tod, als sie sich gegen eine Überzahl von Feinden verteidigten, wobei sie miteinander wetteiferten im tapferen Sterben. Und obwohl Ingolf Arnarson, der erste Siedler von Island, ein gläubiger Norweger war, der die Götter sorgfältig verehrte, weigerte sich Hjörleif, sein Pflegebruder, der mit ihm nach Island gesegelt war, irgendeinen Umgang mit den Göttern zu haben, wofür er offensichtlich bestraft wurde, als er kurz nach seiner Landung in Island von seinen Sklaven erschlagen wurde.

Die Aristokraten konnten sich am Vorbild Odins orientieren, sie sahen sich selbst als scharfsinnig, erbarmungslos, verschlagen und weltklug an. Vorbild der Bauern war Thor, der wie sie tapfer, derb, gleichmütig und stark war. Doch die Götter des nordischen Pantheons konnten niemals absolute Modelle für menschliches Verhalten liefern. Ähnlich wie die klassischen Götter Griechenlands, waren sie gleichzeitig über- und untermenschlich. Für die Gesellschaft der Wikinger waren die tatsächlichen Vorbilder die

Helden (manche von ihnen Halbgötter) der alten Dichtung. In den Heldenliedern der Edda können wir, stärker als in den mythologischen Liedern, die Vorbilder erkennen, nach denen sich die Nordmänner orientierten, und die Vorstellungen, die ihren Lebensstil bestimmten.

Alles, was die Nordmänner taten und dachten, wurde von vier Hauptgesichtspunkten bestimmt: der Bindung an die Sippe, dem Ehrenkodex, dem Begriff der Blutrache und dem der Schicksalsgläubigkeit. Der Glaube an das Schicksal spielte dabei die größte Rolle.

Das Schicksal war der große Gleichmacher. Götter und Menschen, Helden und Feiglinge, Reiche und Arme waren alle gleich hilflos dem Schicksal gegenüber. Der Glaube an die unausweichliche Macht des Schicksals war vermutlich im Zeitalter der Wikinger ausgeprägter als jeder Glaube an die Götter. Die Nornen scheinen der dichterische Versuch gewesen zu sein, die Kräfte des Schicksals an Personen zu binden, doch sie erhielten niemals die Gestalt von Göttern. Wenn es einem Mann bestimmt war zu sterben, so ließ sich nichts dagegen unternehmen, außer so gut wie möglich zu sterben. Niemand konnte seinem Schicksal entgehen, mochte es schlecht oder unverdient sein; es zählte nur, wie ein Mann seinem Tod entgegentrat. Oft scheint das Schicksal aus einem unentwirrbaren Netz von Beziehungen zur Verwandtschaft, von Loyalitäten, persönlicher Ehre und Pflicht zur Rache gewesen zu sein. Immer aber war es unausweichlich.

Alle diese Vorstellungen sind sehr eindrucksvoll ausgebreitet in dem Zyklus von 16 Liedern in der Älteren Edda, die das Brünhild-Sigurd-Gudrun-Thema behandeln, vielleicht das berühmteste Thema aller Heldenliteratur. Diese Lieder, einige von ihnen sehr kurz, bilden in sich keine zusammenhängende Geschichte. Sie sind Höhepunkte einer Geschichte, mehr Andeutungen eines Dramas als eine durchgehende Erzählung. Die Helden dieses Dramas können mit historischen Gestalten aus der Zeit der großen germanischen Wanderungen während des 4., 5. und 6. Jh. n. Chr. verknüpft werden, doch sie lebten nicht gleichzeitig und konnten nicht auf irgendeine Weise miteinander verknüpft werden. Die Dichter befaßten sich auch nicht mit den politischen oder militärischen Erscheinungen der großen Stammesführer wie Ermanerich der Gote (gestorben 375), Gunnar der Burgunder (gestorben 437), Attila der Hunne (gestorben 453) und Sigbert der Franke (gestorben 575). Diese Personen waren lediglich als Charaktere in die Erzählung verschmolzen, wobei ihre gewaltigen Kriegszüge in Europa unbeachtet blieben und nur das grausame menschliche Drama, das sich zwischen ihnen, zwischen ihren Frauen, ihren Geliebten und Verwandten abspielte, dichterisch dargestellt wurde.

Es ist die Geschichte der Wälsungen oder in der späteren germanischen Dichtung die Geschichte der Nibelungen im Nibelungenlied, das wir schon erwähnten. Man nimmt an, daß die Elemente dieser Erzählung Skandinavien etwa um 800 erreichten und hier zur Grundlage für die Komposition verschiedener Lieder der Älteren Edda bildeten. Um zu sehen, wie diese Stoffe miteinander verknüpft sind, müssen wir uns wieder Snorri Sturluson zuwenden und der langen Abhandlung, die er im *Skaldskaparmal* geschrieben hat.

In Snorris Edda wird als Keim aller kommenden Entwicklungen ein Goldschatz genannt, der verflucht war. Loki hatte den Schatz für Odin von einem Zwerg Andvari geraubt, um Blutgeld für einen Mann, den sie erschlagen hatten, zu zahlen. Die Brüder des Erschlagenen, Fafnir und Regin, forderten einen Anteil des Goldes von ihrem Vater und erschlugen ihn, als er den Anteil verweigerte. Über die Teilung des Schatzes gerieten die Brüder in Streit, und

Die Geschichte Sigurds des Drachentöters wird in einer Reihe von geschnitzten Rondellen am Portal der Stabkirche in Hylestad in Norwegen aus dem 12. Jh. erzählt.
Oben: Der Schmied Regin repariert das zerbrochene Schwert, das seinem Vater gehört hatte. Danach war das Schwert fähig, den Amboß zu zerteilen.
Rechts: Sigurd in der tiefen Grube, die er in den Pfad gegraben hatte, den Fafnir immer benutzte; so konnte er den Drachen von unten angreifen und töten.

Fafnir, der seinem Bruder keinen Anteil geben wollte, trieb diesen fort. Dann verwandelte er sich in einen Drachen und suchte sich einen Platz, an dem er das Gold bewachen konnte.

Inzwischen war Regin, der andere Bruder, ein großer Schmied geworden, der sich einen schönen jungen Helden, Sigurd den Wälsungen, als Instrument der Rache an seinem Bruder heranzog. Er schmiedete für ihn ein Schwert, das so scharf war, daß es eine in der Flußströmung schwimmende Wollflocke zerschneiden konnte. Regin riet dem jungen Helden, eine Falle auf dem Weg Fafnirs zu graben und ihn dort von unten anzugreifen. Sigurd folgte diesem Rat und erschlug den Drachen. Jetzt sagte Regin ihm, daß er seinen Bruder erschlagen habe; als Lohn für seine Ermordung befahl er Sigurd, das Herz des Drachen zu braten, während er selbst das Blut des Drachen trank. Dieser Trank ermöglichte ihm, die Sprache der Vögel und Tiere zu verstehen. Sigurd tat wie ihm befohlen, doch er steckte seinen Finger auf das bratende Herz, leckte ihn ab und schluckte dabei eine Spur vom Herzensblut. So erhielt auch Sigurd die Macht, die Sprache der Vögel zu verstehen, und er erfuhr von ihnen, daß Regin Verrat plante. Deshalb erschlug Sigurd Regin und nahm den Goldschatz für sich selbst.

Auf seinen Wanderungen durchschritt Sigurd einen Flammenwall, um eine Walküre, genannt Sigrdrifa (in anderen Quellen Brünhild), zu befreien. Mit ihr beginnt das künftige Unheil.

Sigurd gelangte in das Reich des Königs Gjuki. Der König hatte zwei Söhne, Gunnar und Högni, und eine wundervolle Tochter Gudrun. Sigurd heiratete Gudrun und schloß Blutsbrüderschaft mit ihren Brüdern. Dann begleitete Sigurd die Brüder zu einem Besuch bei Atli, dem König der Hunnen, weil Gunnar Atlis Schwester Brünhild heiraten wollte. Brünhild lebte in einem Gemach, das von einem Flammenwall umgeben war, und sie hatte geschworen, keinen anderen Mann zu heiraten als den Helden, der es wagte, durch die Flammen zu ihr zu reiten. Da Gunnars Pferd zurückscheute, ritt Sigurd auf seinem Pferd in der Gestalt Gunnars durch die Flammen und verbrachte die Nacht mit Brünhild, wobei er sein Schwert zwischen sich und sie legte. Am Morgen gab er ihr einen Ring aus dem Goldschatz, und sie gab ihm einen anderen Ring zurück. Jetzt tauschte Sigurd wieder den Platz

Oben links: Sigurd röstet das Drachenherz, während Regin schläft, und verbrennt dabei seinen Daumen. Als Sigurd das Drachenblut auf seinem verwundeten Finger kostet, gewinnt er die Gabe, die Sprache der Vögel zu verstehen und erfährt von ihnen, daß Regin einen Verrat plant.
Oben: Sigurd tötet den verräterischen Regin mit seinem Schwert.
Oben rechts: Zwei Szenen aus der späteren Zeit des Sigurd-Epos. Nach Sigurds Tod durch die Hand seiner Schwäger Gunnar und Högni wissen diese allein, wo der Nibelungen-Schatz verborgen ist. Atli (Attila der Hunne) nimmt sie gefangen und versucht, ihnen das Geheimnis zu entlocken. In der linken Szene, die von einem anderen Stabkirchenportal stammt, schneiden Attilas Männer bei lebendigem Leib Högnis Herz aus der Brust, wie es Gunnar verlangt hat, so daß Gunnar jetzt der einzige Lebende ist, der das Geheimnis kennt. Da Gunnar sich weiterhin weigert, das Geheimnis zu verraten, wird er in eine Schlangengrube geworfen (rechte Szene), wo er sterbend die Harfe mit seinen Füßen spielt.

mit Gunnar, und Brünhild ging mit zurück in Gjukis Königreich als Frau Gunnars.

Alles wäre gut gegangen, wenn Gudrun und Brünhild sich nicht gestritten hätten. Als sie eines Tages ihre Haare im Fluß wuschen, watete Brünhild tiefer ins Wasser, wobei sie sagte, daß sie es nicht ertragen könne, ihr Haar im Wasser zu spülen, das aus Gudruns Haar gekommen sei, weil ihr Gemahl der größere sei. Gudrun erwiderte, ihr eigener Gemahl Sigurd habe seinen Wert gezeigt, als er Fafnir und Regin erschlagen habe; darauf erwiderte Brünhild, daß nur Gunnar es gewagt habe, durch den Flammenwall zu ihr zu reiten. Gudrun lachte und zeigte ihr den Ring, den Brünhild Sigurd nach der Brautnacht gegeben hatte. Darauf schwieg Brünhild; sie ging heim und zwang Gunnar und Högni, ihren Blutsbruder zu töten, indem sie sagte, Sigurd habe Gunnars Vertrauen mißbraucht, weil er in der Brautnacht mit ihr verkehrt habe. So töteten die Brüder, wenn auch widerwillig, Sigurd und nahmen den Goldschatz. Brünhild jedoch, nachdem ihre Rache gestillt und ihre Ehre wiederhergestellt war, beging Selbstmord und wurde zusammen mit Sigurd auf den Scheiterhaufen gelegt.

Nach Sigurds Tod heiratete seine Witwe Gudrun Brünhilds Bruder, den Hunnen Atli, und bekam von ihm zwei Kinder. Atli war neidisch auf seine neuen Schwäger Gunnar und Högni und ihren Goldschatz und lud sie zu einem Fest ein. Gudrun warnte die Brüder, daß die Einladung eine Falle sei, doch Gunnar bestand darauf, sie anzunehmen, weil er die Einladung als Herausforderung seines Mutes und seiner Männlichkeit ansah. Bevor sie abreisten, schütteten die Brüder jedoch den Schatz in den Rhein. Kaum hatten sie Atlis Burg erreicht, als sie gefangengesetzt wurden. Gunnar sollte sein Leben behalten, wenn er Atli sagen würde, wo der Schatz verborgen sei, doch Gunnar machte einen schrecklichen Gegenvorschlag. Bevor er sagen würde, wo der Goldschatz verborgen sei, müsse ihm zuerst das Herz seines Bruders gegeben werden. Seine Wächter versuchten ihn zu betrügen, indem sie ihm ein blutendes, zuckendes Herz irgendeines Mannes brachten, doch Gunnar wußte, daß dies nicht Högnis Herz sein konnte, weil es zitterte, was Högnis Herz niemals getan hätte. So schnitten sie nun Högnis Brust auf, rissen das lebendige Herz heraus, und Högni lachte, als sie es taten. Triumphierend sagte jetzt Gunnar zu Atli, warum er diese fürchterliche Forderung gestellt habe, denn jetzt könne er (Gunnar) sicher sein, daß das Geheimnis bewahrt sei, weil er der einzige lebende Mann sei, der es kenne, und er würde es niemals preisgeben. Atli befahl, ihn lebendig in eine Schlangengrube zu werfen, obwohl Gudrun Einspruch erhob. Gunnar starb tapfer; da seine Hände gebunden waren, spielte er seine Harfe mit den Füßen und starb schließlich singend.

Gudrun bereitete jetzt eine schreckliche Rache für ihre Brüder vor. Sie tötete ihre beiden Söhne von Atli und machte aus ihren Schädelkappen in Gold und Silber gefaßte Trinkgefäße. Beim Begräbnisfest für ihre Brüder gab sie ihrem Gemahl Met, vermischt mit dem Blut seiner Söhne, zu trinken und ihre gebratenen Herzen zu essen. Nachdem Atli betrunken war, sagte sie ihm, was sie getan hatte. Und in der Nacht erstach sie ihn und zündete seine Burg an, so daß der ganze königliche Haushalt verbrannte.

Historisch gesehen, gibt es eine gewisse Verbindung zwischen Attila dem Hunnen (Atli) und Gundicarius (Gunnar) dem Burgunder: es waren Attilas Heere, die im Jahr 437 Gundicarius töteten und sein Heer vernichteten. Sechzehn Jahre später heiratete Attila die Germanin Hildico (die Kriemhild im Nibelungenlied). Am Morgen nach seiner Brautnacht fand man Attila tot in einer Blutlache, die wohl von einem Blutsturz stammte, in seinem Bett. Es schien also ein natürlicher Tod gewesen zu sein, doch schon bald tauchte das Gerücht auf, daß er von seiner Braut ermordet worden sei.

Im Schlußakt dieses dynastischen Dramas heiratete Gudrun noch einmal. Ihr dritter Gemahl war Jonakr, und von ihm hatte sie zwei Söhne, Hamdir und Sörli. In der Zwischenzeit hatte Gudruns Tochter von Sigurd, ihrem ersten Gemahl, König Jörmunrekk (Ermanerich der Gote) geheiratet und war später von ihrem Gemahl getötet worden, indem er sie wegen des Verdachts einer Liebesaffäre mit ihrem Stiefsohn von Pferden zu Tode trampeln ließ. Gudrun stiftete jetzt ihre Söhne Hamdir und Sörli an, Blutrache für ihre Halbschwester zu nehmen.

Die beiden wußten, daß jeder Angriff auf Jörmunrekk auch ihren eigenen Tod nach sich ziehen würde. Sie erinnerten ihre Mutter an das Blutvergießen in der Familie: Gudruns Brüder tot, ihre ersten beiden Söhne tot; doch sie entzogen sich nicht dem schrecklichen Befehl der Ehrenpflicht und ritten davon in ihren Untergang. Sie erzwangen sich den Eintritt in Jörmunrekks Königshalle, wo er mit seinen Männern beim Festmahl saß. Sie erkämpften sich den Weg bis zu Jörmunrekk und schlugen ihm Arme und Beine ab, doch schließlich wurden sie überwältigt und zu Tode gesteinigt:

> Wir kämpften tapfer,
> auf erschlagenen Goten stehen wir,
> umgeben von schwerttoten Männern
> wie Adler im Gezweig.
> Wir gewannen Heldenruhm,
> mag der Tod uns auch heute oder morgen treffen:
> kein Mann überlebt den Abend,
> wenn die Nornen beschlossen sein Ende.

Die heroische Weltanschauung der Brünhild-Sigurd-Gudrun-Sagen ist tragisch, entstanden aus stoischer Schicksalsgläubigkeit. Diese Themen wiederholen sich immer wieder in den isländischen Sagas, wo die Bauern durch die Umstände und überlieferten Bräuche gezwungen wurden, Helden zu werden oder ruhmlos zu sterben. In der nordischen Welt war die Familie allmächtig, und verwandtschaftliche Bande enthielten mächtige Forderungen, so wie sie auch Stärke und Hilfeleistung einschlossen. Ein Unrecht an einem Verwandten war ein Unrecht an einem selbst, und der Ehrenkodex forderte, daß eine solche Mißachtung entweder durch blutige Rache oder durch Sühnegeld geahndet wurde. Tatsächlich sah das Gesetz Rache vor. Der gute Ruf eines Mannes konnte nur durch erfolgreiche Vergeltung wiederhergestellt werden. Die nordische Gesellschaft legte übergroße Bedeutung auf persönliche und familiäre Anerkennung, so daß jedermann wachsam alles beobachtete, was diesen Ruf schädigen konnte. Rache war Pflicht, was auch immer es einen kosten mochte.

Zuweilen standen verwandtschaftliche Forderungen im Widerspruch mit den Pflichten der Ehre, und hierin lag oft eine wirkliche Tragik. In den Gesetzen steht nichts, was über Verhandlungen zwischen Verwandten berichtet. In solchen Fällen mußte sich der einzelne ganz nach seinem eigenen Urteil richten und war gezwungen, zwischen zwei Übeln zu wählen; und daraus ergibt sich der Stoff des Heldendramas.

Für solche Situationen hat das *Havamal* keine Ratschläge. Maßhalten war zwar immer gut, ebenso wie die Suche nach Überleben, doch es gab Zeiten, in denen solche Überlegungen nicht galten. Der nordische Idealmann war jemand mit offener, freigebiger Haltung. Ein Mann, der Mitleid und Freundlichkeit besaß, ohne Grausamkeit, aber treu und gerecht, von ausgeglichenem Wesen, aber auch fähig zu Leidenschaften, körperlich vollendet und tapfer im Kampf, doch kein Raufbold. So sah das Ideal eines ehrenhaften Mannes aus. Doch wenn die Würfel gefallen waren, wenn die Umstände und ein grausames Schicksal ihn in eine Situation brachten, der er nicht ohne Verlust der Ehre ausweichen konnte, wenn er qualvoll zwischen Pflicht und Neigung hin und her gezogen wurde, dann gab es kein Ausweichen. Wenn er töten mußte, so tötete er, und wenn er sterben mußte, so starb er tapfer wie Högni, indem er den Tod verlachte.

Es war ein rauhes und unausweichliches Sittengesetz. Doch es war ein Gesetz, das auch für die Götter galt, auch die Götter mußten eines Tages ihrem Tod ins Auge sehen, und wie entfernt sie auch immer von der Welt der Menschen sein mochten, am Ende nahmen sie ihr eigenes Schicksal mit demselben Gleichmut auf sich, mit der gleichen heldischen Schicksalsgläubigkeit, wie die tapfersten der Helden.

Rechts: Vendel-Helm aus dem 7. Jh. aus Schweden. Der eigentliche Helm ist aus Eisen, darüber verläuft eine Helmzier aus Bronze, die sich mit dem Nasenschutz verbindet. Der Helm könnte gut nach einem römischen Vorbild gefertigt sein. Das furchteinflößende Stück gibt sowohl die Kraft wie auch das Geheimnis Skandinaviens wieder. Beides Eigenschaften, die Ausdruck in der Heldenverehrung und in den Göttern Skandinaviens fanden.

Literaturhinweise

Broendsted, J., Die große Zeit der Wikinger, Neumünster 1976.
Calic, E., Roald Amundsen – Der letzte Wikinger, Düsseldorf 1976
Edda, Bd. I: Heldendichtung, Bd. II: Götterdichtung und Spruchdichtung, übers. v. F. Genzmer, Jena 1920 und 1925.
Gibson, M., Die Wikinger, Wiesbaden 1976.
Jones, G., History of the Vikings, London 1963.
Kristjánsson, J., Isländische Sagas und Manuskripte, Reykjavik 1970.
Kummer, B., Midgards Untergang, Zeven 1972.
Magnusson, M., Viking Expansion Westwards, London 1973.
Oxenstierna, E., Die Wikinger, Stuttgart ^{2}1966.
Pörtner, R., Die Wikinger Saga, Düsseldorf 1973.
Uehli, E., Nordisch-germanische Mythologie als Mysteriengeschichte, Basel 1926.
Weber, L., Die Götter der Edda, München ^{2}1934.
Weber, L., Asgard, Stuttgart 1939.
Wilson, D. M. und Klindt-Jensen, O., Viking Art. London 1966.

Namen- und Sachverzeichnis

Schräggedruckte Ziffern verweisen auf Abbildungen.